60からは 喜びはかけ算 悲しみは割り算

沖 幸子

プロローグ

人生は、何歳になっても、毎日がドラマで、楽しいことも悲しいこともあります。ときには重い荷物を背負っているようで、苦しさに耐えられず逃げだしたくなることもありますし、あるときは軽々とした快適さを体中に感じ、心が弾むことも。

喜びは素直に感じ、充実した人生を送るための生きるエネルギーに変える努力をします。

悲しみは無理に立ち向かったり、苦しさのあまり無視するのではなく、忘れず、身を任せ、ともに歩んでいくうちに少しずつ癒《いや》されていく。

若いうちは気がつかなかったことが、年を重ねて初めて憑《つ》き物が落ちたように簡単に理解できるようになります。

年の功、年輪を重ねるという意味がここにあるような気がします。

Prologue

年を重ねると誰しも大切な人との別れや、新たな出会いがあるもの。

親や長年連れ添ったパートナーを失ったり、孫ができたり、はたまた職場を離れ新しい環境で新たな友だちができたりすることも。


何歳になっても、人生の苦しみや悲しみは予期せず訪れますが、喜びや楽しみは、自ら行動することによって得られるものだとつくづく思います。

日常生活の何でもないことの繰り返しのなかにその発見があり、そのためには、やらなければいけない日常生活に必要なことはできるだけ自力でやりたい。

全部を他人任せでは喜びや楽しみはなかなか得られない。

たとえば、玄関を掃き植木に水をやるとか、お茶を美味《おい》しく淹《い》れるとか、散歩をするとか、どんな些細《ささい》なことでも、自分と周りとの触れ合いを作ることによって、人生の小さな喜びや楽しみを味わうことができるものです。


喜びや悲しみは、老いも若きも程度の差こそあれ誰もが経験します。

日々の小さな喜びを手に入れ、人生を楽しむためには、何事も丁寧に自分のできる範囲で工夫してみる。何事もやる気を出すことは大切です。

やる気が出ないなら、その感情を妨げている状況を変えてみましょう。

狭くて暗い部屋で悶々《もんもん》と暮らしていたころ、机をきれいに拭いて生花を飾るだけで、心が少し元気になり、やる気が出て、前向きになったことがあります。

今暮らしている環境こそ、自分の感情を支配している状況そのもの。

生活環境を少し変えることによって心の状態も変化するのです。

困難なことにぶつかれば、些細なことでも、できることから一つ一つ解決すればいい。

ずっと何もしないでうずくまっていてもいい、そこから何かが見えることもあります。

何歳になっても、挫折も失敗も恐れず、工夫し行動を起こす、そこに人生の楽しみや喜びがあるような気がします。

２０２１年初夏

Contens

もくじ

Contens

第2章　スッキリと暮らす

ちょっとした工夫と知恵を楽しむ

Contens

第3章　元気に明るく暮らす

心も体も自由で元気に！

Contens

第4章 老いと上手に向き合う

心を安定させる小さな引き出し

Contens

写真／半田 広徳
イラスト・スタイリング／沖 幸子
デザイン／世田谷デザイン工房

夏の山荘でのびのびタイム。
青い空と木の香りに癒されて。

窓の外は自然がいっぱい。目にまぶしい青葉です。

山荘でのランチは地元でとれた夏野菜たっぷりのカレーライス。
簡単、美味、健康的(ヘルシー)。

わが家には鏡がいっぱい。
お気に入りのリビングの
大きな鏡。

ソファでのくつろぎの時間にはろうそくの明かりがちょうどいい。
他にもわが家にはたくさんの燭台があります。

涼やかな鉄の風鈴の音色。夏の暑さを和らげてくれそうです。

ドイツから持ち帰ったお気にいりの食器。普段使いにも活躍します。

吹き込むさわやかな風がカーテンを踊らせます。まるでダンスをしているように。

お気に入りのピアノとフルートで合奏する人形。まるで音楽が聞こえてきそうです。

ずっとわが家にいる老夫婦の人形。
ドイツの老夫婦からのプレゼント。
見るたびになつかしさが……。

秋の七草をイラストに。
季節の草花や風景をよく描きます。

菖蒲は花を楽しんだあと、
お風呂に入れて菖蒲湯を
楽しみます。

在りし日の愛犬ドンキーと。
今でも心がキューンとなる
なつかしい思い出。

第1章　快適に暮らす

何でもない暮らしの中の小さな喜び

ちょっとだけ丁寧に暮らす

毎日は単調なようでも実は面白いこと、心が温かくなることが転がっています。それは向こうからやってくるものではなく、自分が見つけるもの。

何でもない日常に今までとは違う視点をちょっと持てば、周りの世界がまるで逆転することがあるような気がします。

たとえば、まず、どんな小さなことでもいいから、あえて何かを丁寧に心を込めてやってみると、雑にこなしても、丁寧にしても、かかる時間にあまり差がないことがわかります。何事もせかせかと早くすればいいわけではなく、時にはゆったりと心を遊ばせるようにやってみましょう。

雑にすれば心が寂しくなり、丁寧にすれば心がなんとなくやさしくなれる。

丁寧に物事に向き合おうと、それがほんのわずかなことでも、できたという達成感が生まれ、小さな自信になり、気持ちも気力もなんとなく充実してくることが実感できます。

どんな小さなことでもいい。

毎日ちょっとしたことを発見し、こんなことあんなことに喜びを見出すことができたらどんなに人生が豊かになることでしょう。

時間を大切に

一日の終わり、小さな時の積み重ねが無事終わったことに感謝するとき、ああ幸せだなと思う。

そして、日々の1秒1秒の小さな時間を大切にする喜びを再発見したりするのです。


人生同様、〝有限〟なのが時間。

若く忙しく仕事で飛び回っている人も、定年後の暇を持て余している人も、一日の持ち時間はすべて24時間。

時間はすべての人に平等に与えられたものです。

足りないと思うか、有り余っていると嘆くかは人それぞれの時間の使い方次第。

上手に時間を使うことは、自分を〝管理〟することにもなります。

何でもない日々の出来事に感謝し喜びを感じることで、自分なりの人生を充実させることができるのです。

そのためにも、限りある一日、時間を何にどのように使うかを考えるようにしたいものです。


いいかえれば、限られた時間に自分が何をやるべきかを決めておく。必要なことの優先順位を考え、大体の一日のスケジュールを立てる。

私のつたない経験からも、完璧なスケジュールは無きに等しく、ほとんどが計画倒れになってしまいます。

細かく完璧でなくても大雑把《おおざっぱ》なスケジュールでいいのです。


たとえば、生きていくために必要な〝生活スケジュール〟、毎日の食事、起床・就寝や入浴の時間、週ごとの家事や掃除タイムなどをきちんと決め、その間にその日の予定などを割り振っていけばいいだけのことです。

生活スケジュールの基本は、他人任せではなく、自分がやることが前提。

労力や時間がない場合は他人の手を借りることも考えます。

コロナ禍の今、在宅勤務という新しい働き方で在宅時間が増え、老いも若きも年齢に関係なく人とのコミュニケーションがとりにくくなり、生活のリズムが乱れ、ストレスを抱えるようになりました。

仕事同様、日々の暮らしもスケジュールを立て、一定の枠を作れば効率よくこなせます。

家で過ごす時間が増えた今だからこそ、自分なりの計画に沿った生活が大切なのです。

自分がやるべき毎日の〝生活スケジュール〟に沿って暮らしているうちに、工夫や新しい発見の喜びが生まれるものです。

たまには時間から解放される

時間やスケジュールを意識し、きちんと暮らすことはとても大切ですが、たまには自分を緩めてルーズに解放することも必要な気がします。

生きるための新しいエネルギーは、走り続ける中ではなく、たまの休養から生まれることが多いのです。

毎日の単調な暮らしの繰り返しは、あえて自分にカツを入れたり、時間の流れにメリハリをつけないとマンネリ化しやすくなるもの。

毎日何事もなく過ぎていくのは、それはそれでいい。

しかし、日々の暮らしに活力と若さを保つために、小さな刺激や新しい発見が必要なこともあります。

毎日が惰性に流れると、胸もときめかず、人生も面白くないように思えてきます。

60過ぎてから私は、週に一日だけ、時間から解放され自由になる日を設けています。

腕時計をはずし、スマホもパソコンも電源をＯＦＦに。手帳に予定も入れない。

予定は未定、その日は瞬間的にやりたいことをやる。

ソファに寝そべって、ぼんやりと空を眺めたり、お手玉で無心に遊んだり。

時間を気にせず、近くの公園へ出かけ、のんびり散歩をする。

テレビは消し、チェロの奏でるゆったりしたＣＤのみ選んでかける。

好きな北欧のサスペンスシリーズにはまり、いつのまにか一日が終わってしまうことも、たまには許す。

音楽を聴きながら、本棚を整理したり、新聞を隅々まで読んでみる。

古い本を整理していたら、本棚の隅からデパートのギフト券が出てきたこともある。

普段しないこと、できないことをやってみると、このように想定外のいいことが待っていることもあります。

色あせた古い写真を見つけ、青春時代の苦くて甘い思い出がよみがえって胸がキューンとなることも。

とにかく時間を気にせず縛られず、好きなように過ごします。

時間から心身が解放されると、普段の風景が変わって見えます。

心にゆとりができると、見慣れた周りの様子がまるで違った印象になるから不思議です。

ふと見上げた空の青さが心に染みわたり、空を見て感動した大昔の若かりしころの感情が懐かしくよみがえり、あのころのようにまだまだ元気で頑張ろう、と自分自身を励ましたりします。

小さな庭の片隅に咲いている名も知らない草花を発見し、その生命力に驚き感動し愛おしくなることもあります。

いつもは声だけで見過ごしていた野鳥の種類のなんと多いこと。こんな都心の真ん中に自然を見つけ、わざわざ訪れてくれる鳥たちの生命力に励まされたりします。心も体も自由になると、今まで、何気なく過ごしていた日常が、非日常に変わり、マンネリ化した日々の暮らしに、まだまだ人生これからと、フレッシュな風が吹き始めるのです。

その日やることを考えてみる

私は毎朝、目覚めたら、まず寝たまま大きく手足を伸ばします。

今日やること、やれること、したいことを順番に想い描きながら。

朝ごはん、散歩、部屋の片づけ、洗濯、Ｚｏｏｍでの打ち合わせ、社内報、原稿書き……。

10分くらい寝起きのぼんやりした脳細胞に今日の予定をインプットすると、ベッドから出るころには、少しずつ頭が回転し始めます。

キッチンで朝食の準備をしながら、納豆や牛乳が切れていたなど、買い足さなければいけない冷蔵庫内の食材をあれこれチェックし、散歩をかねた食料の買い出しを予定に入れる。

さあ、今日も一日元気で頑張ろう！　必ずいい日にしたい！

自分にはっぱをかけ激励し、自分に誓います。

小さな〝課題〟を見つける

私の場合、どんなに忙しくてもこれだけは必ずやると決めていることがあります。

もちろん、たいていは数分以内でできる簡単なことばかり。

そのほうがいつのまにか自然体で習慣化できそうだから。

それらの毎日の生活習慣を、〝小さな1分の習慣〟と名付けて楽しんでいるのです。

◇小さな1分の習慣

一日の始まりは、まず部屋の換気から。

朝起きたら、窓を必ず開け、部屋中の空気を入れ替えます。

コロナ禍の今、頻繁《ひんぱん》に窓を開け、換気扇を回す習慣は、手洗い同様、目に見えないウイルス退治にも大切なこと。

部屋の空気がよどんでいると、汚れが汚れを呼び込んで、人にも部屋にも不健康な状態になるのです。

空気がよどんだ部屋の中にいると、脳細胞が働かずやる気もなくなります。

木と紙、土でできていた昔の日本家屋は、それぞれが自然に呼吸をし、新鮮な空気の環境が作られ、家そのものが自然換気をしてくれていたのです。

現代の新建材の住まいは、窓や換気扇で人工的に空気の流れを作らないと密閉状態となり、発生した静電気がほこりや汚れを吸い寄せ、部屋の湿気がカビの原因となり、家も人も不健康な状態となってしまいます。

帰宅したらすぐやること

外出から帰ったら必ず、玄関先で着ているものを手でパタパタ払ってから入ります。
そして洗面所に直行して、石鹸で手を洗います。

これらは何十年も続いている私流の健康生活に欠かせない小さな決め事。

コロナ禍の今、ウイルス対策には不可欠の部屋中の換気や手洗いは、自然で当たり前の身についた行動なので、ついうっかり忘れることはありません。

手を洗いましょう、換気をしましょう、とテレビやラジオから何度も繰り返し流れる声、私にとっては自然で当たり前の毎日の習慣です。

◇ベッドメイキング

早起きしても寝坊しても、朝起きたら必ずベッドのシーツをピシッと整えます。

たったそれだけのことですが、この何十年も続いている私なりの朝の習慣。

一日の始まり、シーツのしわ同様心のしわも取れ、心がシャキッとする気がします。

◇キッチン仕事のあと

毎朝のキッチン仕事のあと、床やキッチンの調理台、レンジ台周りを固く絞ったぬれタオルで拭きます。

所要時間は1分もかからない。

調理をすると、目に見えない油汚れが床や調理台周りにも飛び散っています。厄介な汚れをさらに複雑にしないためにも、使った直後のひと拭き掃除は、汚れもひどくならず、疲れる掃除から解放してくれるので大切です。

拭き終わったタオルを見ると、毎回かなり汚れているのがわかり、キッチンを清潔に保つためにはこの作業はかかせない、とつくづく思います。

この習慣は母が台所仕事のあと必ずやっていたことをそのまま見よう見まねで引き継いだものです。

◇ものは定位置

どんなものも、置き場所を決めています。

この小さな習慣は、ものが増えないためにも大切なことです。

定位置が決まれば、使ったら必ずその場所に戻します。

ものの定位置は、使いやすくてわかりやすい場所がベスト、できれば、ものにとっても居心地のいい場所を選ぶことです。

明るく目につきやすいところは、必要なときにすぐ手に取りやすい場所です。

しかも気に入ったセンスのいい置き方をすれば、目に触れる機会が多くなり、普段の手入れも行き届く。

快適で心地いい部屋で、使いこなされたものに囲まれると、人に安心感と満足感を与え、ものも人もお互いがハッピーに輝きます。

◇床はいつもきれいに

床に落ちているゴミやものは必ず拾います。

汚れたら、その部分だけでも拭いてきれいにしておきます。

掃除機は場所を決め短時間でかけてしまいます。

清潔な床は、健康的で幸せを呼ぶそうですから。

◇玄関の靴をそろえる

玄関の靴は出かける前、帰宅後、寝る前、いつもきれいにそろえておく。

昔から、靴が散乱している家は、空き巣に狙われやすい、と言われます。玄関に靴が乱雑に脱ぎ捨てられていると、部屋はもちろん、そこに住む人の暮らしまでが汚れてだらしなく、スキがある悪い印象を与えてしまうからかもしれません。

そんな家には、外から誰かが侵入しても気がつかないというわけです。

さらに、靴がきちんとそろえられた美しい玄関は、外で疲れた心をやさしく迎えて癒してくれそうです。

◇水回りはいつもクリーンに

いつもきれいに保つコツは、使ったら、水滴を必ず拭きとっておくこと。

普通の広さなら、拭くだけなら1分くらいで済みます。

自分が汚した場所をそのままにしておくと、わずかな水滴が重なって水垢《みずあか》となり、やがて頑固で取れにくい重量級の汚れとなります。

汚れが重なると掃除をする時間と労力が必要になり、気がつけば身も心もへとへとになってしまうのです。

小さな１分以内の毎日の習慣を怠った代償は、チリも積もれば山となって大きい。

毎日の小さな習慣や小さな決め事は人それぞれ、何でもいいのです。

続けることが重要ですから、かける時間はできるだけ短いほうがいい。

小さなことが多く積み重なれば、新しい発見があり、いつか役に立ちます。

それが今日の充実感となり、毎日が輝く自分への贈り物となるのです。


毎日の暮らしの中で、何かに関心を持つこと。

60歳でも70歳でも、いくつになってもそのチャンスは転がっているし、いつでもどこでも時間や場所は問わない。

直感的にいいもの、感動するものにちょっと目を向けるだけで新しい発見があるかもしれません。日々の何気ない瞬間にこそ小さな幸せが待っています。

暮らしのセンスを磨くチャンスは自分自身の中に宿っているのです。

健康的な生活を心がけるために

何歳になってもできるだけ規則的な生活を心がけ、毎日を明るく元気に過ごすことは小さな喜びに通じます。そのために、私が心がけていること。

◇毎朝、体重を測る

50代から始めたこの習慣は今も現役です。

その日の自分の体調がわかり、自分なりの健康維持の〝定量感〟が持てるので、1キロ増えただけでその原因が昨日の過食だとすぐわかります。

毎日の0・5キロくらいの体重の増減は気にせず、少し炭水化物を減らし、水を飲んだりするくらいで元に戻します。

◇旬の野菜や果物を多くとる

60を過ぎたころから、野菜中心主義。もちろん、肉と魚などのたんぱく質もバランスよくとるように心がけています。

昼は肉系、夜は魚系と決めています。

旬の野菜に関心を持ち、季節の味と香りを食卓に並べるようにすれば、最高の栄養価があり、しかも経済的です。

◇夕食は少なく、炭水化物を控えめに

朝と昼は十分に好きなものを食べますが、夕食は寝る2時間前には済ませます。

ちなみに、食事の量は、朝食は王様のメニュー、昼は王妃様、夜は幼い王子のようにと自分に言い聞かせています。

◇水をよく飲む

そのときの健康状態にもよりますが、一日2リットルくらいの水分をとる習慣は健康を維持するのにいいそうです。

私は、夜沸かしておいた水を、翌朝、体を動かす前に多めに飲みます。

一日の始まりの自分への気合と一緒に。

◇ときには食べ過ぎてもいい

聖人君子ではないので、ときどき好物のお寿司やケーキを食べたくなるときがあります。そんなときは、腹八分目を目安に、糖分や脂肪の数値も気にせず食べることにしています。美味しいものを食べたいときに食べることができるのは体も健康的で心は至上の幸せなのですから。

普段から体重を定量化していると、少々体重が増えても、その原因を突き止め簡単に元に戻すことができます。いつもきれいに整理整頓された部屋が、ホームパーティなどでちょっと乱れ汚れても、元通りきれいな状態にすぐ簡単に戻せるように。

コーヒーカップ一杯の幸せ

〝サラダ菜、芽キャベツ、ほうれん草、小松菜など。

自分がサボっていた分、主人がたっぷりと水をやっていました〟

70代の知人から一か月の入院生活の後、元気で退院された80代のご主人の近況を伝えるメールが届きました。

ご主人が日々大事に育てている小さな家庭菜園で採れた新鮮な野菜の数々。久しぶりに野菜たっぷりの食卓を二人で囲みながら、あと何年一緒に過ごせることかと、〝一日一生〟の気持ちでこんな小さな幸せこそ大切にしたいと改めて思った、という。♪マークが三つも付いた！知人からの晴れ晴れと弾むようなメールを見て、私も小さな喜びを探してみたくなりました。


一日が一生！のつもりなら、いろいろなことに感謝し感動しながら生きることができそうです。どんなことでもいい。毎日何かしら発見し、なるほどと感心する。

さっそく自分の足元からと、些細なことでも心がほっとする出来事をメモすることに。今朝の散歩の途中に見かけた美しい花、友人と長電話でゲラゲラと大声で笑いあったこと、コンビニのパートのおばさんと交わした心和む会話、もちろん、知人からの幸せメールも。

旬の食べ物を楽しむ

食べることに関心を持ち、美味しく楽しく食べることは健康長寿に大切なことだそうです。とくに高齢になればなるほど、量は少なくても心や体が喜ぶような食生活は重要。自然豊かな日本に住んでいるのだから、旬の食べ物に関心を持つことは、健康生活を送るためにも、その気になれば簡単にできそうです。

季節を問わず、お金さえあれば一年中何でも手に入る時代になりましたが、コロナ禍の今、いま一度、旬の暮らしを見直してみたいものです。巣ごもりの単調な暮らしが豊かで楽しく充実するためにも。

旬の野菜といえば、懐かしく思い出すことがあります。

食糧難の戦中戦後を生き抜いた父母たちが、万一のことがあってはと、戦争が終わっても家の小さな裏庭で作っていた野菜の数々。夏には、夕食後の家族団らん用のデザートにとイチゴやスイカ、ウリまでも植えていました。

手軽で成長が早いカボチャも畑の片隅に植えていたのですが、両親は、戦時中つるまで食べたカボチャは見るだけで十分と、どんなに美味しいカボチャ料理を出されても箸を付けようとしませんでした。

〝食べず嫌い〟ではなく、〝食べ過ぎ嫌い〟だったのかもしれません。

子どものころ、庭先には必ずと言っていいほど、柿やみかん、イチジクなどの果物の木々が、ひょいと手を伸ばせば取って食べられるほど身近にそれぞれの実をたわわに付けていました。

学校の宿題そっちのけで、大人たちの目を盗んでは〝探検ごっこ〟と称し、競い合って近隣の山里の柿やイチジクの〝果物狩り〟に出かけたものでした。

ときには、調子に乗って遠くまで出かけ、日が暮れて家路につけば、そこには親たちのきついお小言が待っていたことがありました。

大人たちに連れられ、近くの里山や山歩きで野草を見つけ、料理するささやかな喜びもありました。

自然に向き合い大地の恵みを大切にし、自分の健康や食生活は人や情報に振り回されず、しっかりと自分で守る。そんな暮らしの知恵の数々を身につけた田舎の子ども時代。

こんな郷愁じみた思い出も、得体の知れないコロナ禍の今を乗り越え、不安で不自由な暮らしを少しでも豊かにするためには大切かもしれません。

◇春の野草

子どものころ、春になると母や知り合いのおばさんたちと連れ立って、近くのあぜ道や土手へヨモギやごぎょうを摘《つ》みに出かけるのが楽しみでした。

〝ヨモギの見分け方は、裏が白いのと嗅いだときのその強い草の香り〟

そんなことを大人たちに教わり、摘んだばかりのヨモギを鼻でクンクンとまるで犬のようにかぎ分けながら〝食べられる野草摘み〟に夢中になったものです。

春の野菜のアクのある苦みは、冬の間にたまった体の毒気を一気に吹き飛ばしてくれる、と古《いにしえ》から重宝されてきた暮らしの知恵。

こんなことを考えながら、ドイツ人の大好きな初夏の旬の味、白いアスパラガスのほんのり舌に残る甘苦い味を思い出しました。

誰もが待ち焦がれる初夏の味の代表格の白いアスパラガス。

暗くて長い冬の間にたまった心身の余分な毒素を、栄養豊富な白いアスパラガスが解放してくれるのかもしれません。

日本とドイツは遠く離れていても暮らしの知恵には共通するものが多いのに気づきます。

ごぎょうは、母子草とも呼ばれ春の七草のひとつ。

摘んできたばかりのヨモギやごぎょうをさっと茹《ゆ》で、細かく刻んでつぶし、白玉粉に混ぜて作るお団子。きな粉や小豆《あずき》餡に混ぜても格別に美味しいです。

新鮮な草の香りがするお団子は、大好きな子どものころのおやつ。

そんな母の味を懐かしく思い出しながら、手作りの野草団子に挑戦してみたくなりました。

毎年1月7日が近くなると、スーパーやデパ地下の店頭で見かける春の七草。

さっそく、小さなかごに入った春の七草を買い求め、今年もしっかりと〝七草粥〟をいただきました。とくに今年は、コロナの厄払いと健康長寿で元気で無事な一年を過ごせますように、とお願いにも力がこもりました。

春の七草、せり、なずな、ごぎょう、はこべら、ほとけのざ、すずな、すずしろ。この名前は、いくつになってもすべてすらすら言えるのが、ささやかなわが記憶維持のバロメーター。

春の七草の入ったお粥を食べながら、ふと、百人一首の、「君がため　春の野に出でて　若菜摘む　わが衣手に　雪は降りつつ」（光孝天皇）を口ずさむと、家で一人食べる素朴なお粥の味がこの上なく高貴に思えてきたのです。季節の暮らしの中には、このような小さな喜びや楽しみがその気になれば見つかるかもしれません。

春の野草は、香りが高く、苦みや辛みが多いのは、野菜が不足しがちな時期、「健康に気をつけて」と、自然が人の体に必要なものと与えてくれているのかもしれません。

早春、山歩きをすると、フキノトウが、「お待ちしていました！」とばかり顔をのぞかせます。

食べられる野草は、春の七草をはじめ、タンポポ、つくし、ヨモギ、あしたば、わらび、たらの芽、まだまだあります。安全で健康的な春の自然を楽しむには、食べられる野草の名を少しでも多く知って、季節ごとの豊かな自然の味を謳歌したいものです。

摘み草は、春にしか味わえない楽しみ。私はそのための本まで買い込み、時間があれば、部屋に居ながら本の中で〝里山野歩き〟を楽しんでいます。

コロナ禍で巣ごもりが多くなった今、小さな喜びがまた一つ増えました。

美味しく野草を食べる

春の散歩は楽しい。

途中見かける野草や野花は見て心が癒されるだけではなく、美味しい食材として料理にも重宝します。

最近は都会のデパ地下にも、春になると、菜の花やタンポポを見かけることがありますが、私は野道にそれとなく咲いている、食べられる野草や花を探すのが楽しみ。わざわざ高いお金を払って買わなくても、自然に向き合い触れ合いながら、地球環境にやさしいエコライフを楽しんでいる気がするのです。

タンポポは、てんぷらや酢の物、つくしは甘辛く煮つける。

菜の花は、さっと湯がいてカツオ風味のおひたしやてんぷらにしても美味しい。

ヨモギは、お餅や団子に入れ、最近ではヨモギパンとして草の香りの健康的な食感を楽しんでいます。

山椒《さんしょう》は、めんどうでもさっと湯がいて塩漬けにして冷凍保存すれば、日本料理にとても重宝します。

◇山蕗のこと

木々の緑が濃さを増し、初夏のまぶしい太陽が顔をのぞかせると、わが山荘の庭や周りには見事な山蕗《やまぶき》がどんどん大きくなります。

冬の間にたっぷりと水分を含んだ落葉樹の肥料が土を肥沃にするせいでしょうか、元気いっぱい、まるで緑の葉っぱのじゅうたんのよう。

手入れ無用、森の中で勝手に生えてお任せ状態の野草ですので自慢にもなりませんが、数分の山歩きだけでも、両手に抱えきれないほど採れるのも小さな楽しみの一つ。

山蕗のアク抜きは、皮をむきながら水にさらし番茶のような色になった水を煮立てて蕗を茹でるといい、と知りました。

これは昔からのおばあちゃんの知恵。

茶色の水で茹でると、アクが抜け、そのまま鰹節《かつおぶし》に醤油をかけて食べるとこの上もなく美味しい！　春の味。

食べた後、山蕗の自然のエネルギーが、体中を駆け巡って細胞が活性化し元気が出る感じです。この山蕗は、どんどん若芽を出し続け、まだ山肌に雪が残る4月から青葉若葉がまぶしい7月ごろまでわが山荘の食卓に並びます。

手間がかからない手作り感満点の総菜は、誰かれとなく自慢したくなる自然からのお金のかからない楽しいプレゼント。

コロナが落ち着けば、知人友人に声をかけ、山蕗採りツアーでも企画しようかしら。

また楽しみが一つ増えました。

◇春の野草のちらし寿司

春になり、デパ地下やスーパーで青々したさやえんどうを見つけると、まるで連想ゲームのように野草をたっぷり入れた彩り豊かな精進ちらし寿司が作りたくなります。

これも春の始まりを告げる楽しい料理の一つ。

作り方は簡単です。

バルコニーの根三つ葉は生のまま小さく切って、買ってきたさやえんどう、インゲンやニンジンなどとさっと茹で、それに自家製天日干しのシイタケやかんぴょう、高野豆腐は甘辛く煮て、合わせ酢はレモンと、出始めたばかりの酸味の強い夏みかんを使います。錦糸卵とパリッと焼いて細く切った海苔、しょうがの甘酢漬けを豪華にのせて器に盛れば、春の香ばしい香りと色彩が見ているだけで食欲をそそります。

野草のみずみずしく、しゃりっとした歯ごたえと草の青い香り。

野草の美味しい食べ方は、香りと食感をなくさないために鮮度がいちばん、手に入れたらすぐその日に調理することを心がけます。

お福分け

故郷の友人やいとこたちから、珍しい旬の野菜が届くと、なぜか誰かにおすそ分けしたくて心がワクワクします。

珍しいもの、美味しいものは、自分たちだけで食するのはもったいない。

さっそく小さな紙袋に小分けにしながら、差し上げたい人々の顔をあれこれ思い浮かべるのです。

秋の始まりの10月、郷里の播州《ばんしゅう》（兵庫県）では黒枝豆が美味しくなる。

季節外れの黒い枝豆は実が引き締まって甘く、一振りした塩で茹で、皮をむいて炊き立てのご飯に混ぜたり、そのままワインのおつまみにもぴったり。

農業を営むいとこが自分で作った黒枝豆をこんなに！　とびっくりするほど段ボールにぎゅうぎゅう詰めて送ってくれます。ここまでかという量の多さに、田舎の人のおおらかさが感じられ、つい口元がほころんでしまいます。

ウイルスにおびえながらの窮屈な都会生活より、広々と自然豊かな田舎暮らしもいいかもと、あれやこれや想いを巡らせながら数枚の小さな紙袋に入れ、お口に合うかどうか、と土の香りが残る枝豆を友人やご近所に配る。

今年もほんのお口汚しの量ですが、と言いながら、相手の気持ちより私自身が喜んでいるような気がするのです。

おすそ分けは、お福分け。

美味しいものをみんなで分け合いたい。

お互いにあれこれ分け合う楽しさ。昔の日本人の助け合いの精神もそこにあるのです。

それに、少し気持ちがほっこり豊かになれませんか。

ものは受け取るよりも差し上げるほうが、心が喜びワクワクするのは私だけの感情でしょうか。

心まで温かくなる美味しいご飯

〝ご飯グルメ〟の父の影響でしょうか。

ホカホカの美味しいご飯は大好き！

年を重ねるにつれ、炭水化物を控えているので、せいぜいご飯茶碗に軽く一杯くらいで我慢、我慢。

それでも炊き立ての美味しいご飯があればおかずは何でもいい。

ある雑誌の取材で、命が尽きる直前に食べたい料理は？　と聞かれ、〝白いホカホカのご飯。それに焼いた塩鮭と海苔と醤油を軽く絡めた鰹節があれば言うことはありません〟。

米農家出身の父は、戦後のサラリーマンの困窮した家計の中でも温かい炊き立てのご飯しか食べない人でした。今思えば、どんなときも父の実家からお米だけは比較的自由に手に入ったからかもしれません。

母が、タイプでなかった父と結婚することを決めたのは、「お見合いの日にお米をいっぱい抱えてきたから」と笑っていましたが、戦後の食糧難の時代だからこそ、白いお米が大切な結婚の決め手になったのでしょうか。

飽食の今、お米を食べない日本人も増え、にわかに信じられない話ですが。

子どものころ、たいていの家庭では野菜の煮つけだけのつましく貧しい夕食でも、いつも炊き立てのアツアツご飯が食卓の主役でした。

ご飯好きの父は、炊飯器が発売されると、誰よりも真っ先に購入したのです。

便利な文明の利器から炊きあがったご飯をそのままお茶碗によそわず、かまどで炊くのと同じように、毎回、炊き立てのご飯を電気釜からわざわざ木のお櫃《ひつ》に移します。そばで珍しそうに眺めている母と私に、「少しずつ、そっと、そっと」とまるで呪文のように唱えるのです。

よくむらした炊き立てのご飯を、しゃもじでお茶碗に盛るときは少しずつふんわりと。ご飯も空気を入れると、味がグッとよくなると言いながら。

今でいう〝こだわりご飯グルメ〟のハシリのような父でした。

そういえば、丼物が美味しいと評判のある老舗《しにせ》では、よりふんわりと空気を入れるため、ご飯を木のフォークで丼に盛り付けていると聞いたことがあります。

遠い昔、ご飯好きの父が教えてくれたこと、炊き立てのご飯は、〝ふんわり、そっと、少しずつ空気を入れながら〟を思い出しました。

日本人の美味しいお米の食べ方は、今も昔も変わらないようです。

料理する喜び　手ばかりをマスター

思い立ったら吉日。

美味しいものを食べたくなったら、外食も不安なコロナ禍の今、簡単にできて美味しいレシピをあれこれ思い浮かべてみる。

こんなとき、〝手ばかり〟を身につけておくと料理をするのが苦になりません。

美味しい料理は、調味料の良し悪しで大きく変わります。

かといって忙しいキッチン仕事で、いちいち調味料や食材の重さを量っていたら、手間がかかり料理するのが嫌になってしまう。

そこで、自分なりの手ばかりの目安を身につけておくと重宝します。

大体の100グラムの目安は、ジャガイモは中1個、サトイモは中くらいの大きさなら3個。

ニンジンは小1本なら、100グラムから150グラム。

きゅうりは中1本、キャベツなら2枚の葉。

大根は大1本なら2センチ幅の輪切り。

私の場合、塩や砂糖は、3本の指でつまめば、大体小さじ2分の1、2本の指でつまめば小さじ3分の1くらい。

この〝技〟のおかげで、いつでも思いついた料理がスピーディにできるので、料理をするのがついめんどうになりがちな単身者や高齢者にもおすすめです。

ちょっと便利な料理の基礎

コロナ禍で家にいる時間が多くなると、外食が減り、自宅での食事の回数とともに料理時間も増えるようです。

今まではめんどうなことで避けていた料理も、簡単にできるなら挑戦したくなりませんか。単調になりがちな料理に変化やメリハリをつけるのもいいものです。

便利な調味料も忙しいときは時間や労力の節約に貢献しますが、コロナ禍の今、ラクで簡単にできるならめんどうだと思ってきたひと手間をかけてみたくなりました。

◇一番だし

戸棚の隅に見つけた昆布。

この際、整理整頓を兼ね、贅沢に使い切ってしまうことにしました。

水をたっぷり入れた大きな鍋に、昆布をどっさり入れ、煮立ちかけたら、引き上げ、冷蔵庫の隅で見つけた削り節を入れ、煮立ったらすぐ火を止め、ざるでこします。

これで美味しい一番だしの出来上がり。

大きなガラスの広口瓶に入れ冷蔵庫に保存すれば、一週間くらいはお吸い物や味噌汁用に楽しめます。

ほんのりとした昆布とカツオの香りと味は、関西風の味つけには欠かせません。

◇二番だし

もう一度大きな鍋に水を張り、取り出した昆布と削り節を入れ、弱火でコトコトゆっくりと煮出す。これが二番だし。

ガラスの瓶に入れて冷蔵庫に保存すれば、一番だし同様、数日間美味しく使えます。

大根やニンジンなどの野菜、かんぴょうや高野豆腐などを煮れば、天下一品、どんな高級料亭にも負けない味が楽しめます。

めんどうだと避けてきただしの取り方。

家にいる時間が増えた機会にゆったりした気持ちで料理に向き合えば、複雑でめんどうだと思っていたことがなんと簡単にできることでしょうか。

ほんのちょっと時間をかけた手作りだしが冷蔵庫で待っていると思うだけで、忙しい日はもちろん便利で助かりますが、あれやこれや複雑な料理にも挑戦したくなります。

コロナ禍の暮らしも工夫とゆとり次第で、料理のお楽しみが再発見できそうです。

ついでながら、母から教えられた調味料の順番。

和食のキホンは、昔から伝わる「さ　し　す　せ　そ」。

さとう（砂糖）、しお（塩）、す（酢）、しょうゆ（醤油）、みそ（味噌）。

この順番を覚えたのは20歳のころ。今では料理中に呪文のように自然に口ずさんでいます。

◇お酒とみりん

上手に使い分けるだけで、和食の腕がグレードアップした気分になります。

お酒は、ブリなどにおいのある魚を煮るとき、においを消してうまみを増してくれます。

みりんは、野菜の煮物など、強火で香ばしい風味を増し、照りを出すので、仕上げに強い味方です。

ブリや鯛などの煮魚には、最初にお酒を入れて魚の臭みを取り、仕上げにみりんを加えてさっと煮ると照りが出て、味も見た目もよく仕上がります。

◇隠し包丁

この響き、耳にするたびに日本料理の奥深い精神を表しているようでほれぼれします。

大根やカボチャなどの野菜を煮る前、ちょっとした下ごしらえによって仕上がりに差がついて、料理の味にコクが出て美味しくなります。

冬は大根の煮物が美味しい季節。

ふろふき大根はおふくろの味、日本人ならではの季節の郷愁の味。

美味しくふっくらと炊きあげたアツアツの大根は、ご飯のおかずにもお酒のおつまみにもぴったりです。

厚く輪切りにした大根の間に〝隠し包丁〟の切り込みを入れると、味が染みて美味しくなります。

隠し包丁は、野菜の間や裏側に切れ目が見えないように入れるのがコツ。

ついでながら、お鍋の中に米粒を少し入れて炊くと、大根特有の苦みが消え、甘く仕上がります。

◇野菜を茹でる順番

野菜をお鍋に入れるタイミング、これだけは覚えておくと野菜の味が違ってきます。

基本的には、ニンジン、大根、カブ、ジャガイモ、カボチャなどの根菜野菜、いわゆる根ものは水から。

ほうれん草、小松菜、ブロッコリー、キャベツ、チンゲンサイなどの葉ものは熱湯に入れます。

根ものは水から、葉ものはお湯から、覚えておきましょう。

お釜で炊くご飯

家にいる時間が多くなった今、たまには便利な電気釜ではなく、厚手の鉄鍋で炊いたご飯が食べたくなります。

もちろん、電気釜でも簡単に美味しく炊けるのですが、自分の手で炊いたご飯が美味しくできたとき、手間がかかりますが、それ以上に喜びとともに達成感が体中に広がります。

鉄鍋炊きのご飯。

ふんわりホカホカの湯気を思い浮かべながら、棚の奥から鉄鍋を取り出し、いざ出陣、心が躍ります。残念ながら、薪ではなくガス火で炊くお釜ご飯ですが。

とぎ汁が澄むまでしっかりとお米を研いだら、ざるに上げ、水を切ったら、30分くらい水に浸《ひた》します。

水加減は、だいたい米の量の1・3倍くらい。手首に水が浸《つ》かるのが目安。

新米は少し水を少なく、がコツ。

炊きあがれば、お米のひと粒ひと粒に水分がいきわたるよう数分蒸らします。


「初めちょろちょろ、中ぱっぱ、赤子泣いても蓋《ふた》とるな」

お米を大切にしていた昔の日本人の知恵。

美味しいご飯を想像しながら、昔から伝わる〝お米炊き方ソング〟を口ずさめば、心も弾んできます！

寒仕込みの〝手前味噌〟

なあんだ、カンタン！　思わず偉そうな口をたたいてしまいました。

コロナ禍で巣ごもり状態が続き、以前から挑戦したいと思っていた味噌造りをやってみようと思い立ったのです。

ちょうど季節は寒の入り。味噌を仕込むにはぴったりの季節。

しかも仕事の予定が立て続けにキャンセル。

時間が有り余っているし、そろそろ手持ちの料理のレパートリーにも限界を感じ、ここでちょっとした日々の料理に非日常が欲しいと思っていたのです。


さっそく近くのスーパーで買い求めた米こうじ1キロに塩300グラムを混ぜ、柔らかく煮てつぶした大豆1キロを合わせ、ジッパー付きの冷凍保存用のパックに入れ、たたきながら空気を十分に抜きます。

減塩を意識し、塩は少なめに。これに重しをして三か月くらい寝かせるのです。

一週間に1回くらい、上下を返したたく。

カビが生えないようにチェックしながら様子を見る程度。

先日、ちょっと味見をしてみたら、まずまず理想的な味に近づきつつある〝手前味噌〟の予感。

今はキッチンの片隅の冷暗所で熟成を待つのみ。
今年は、美味しい味噌汁や料理が楽しめるかしら。
待つ楽しみがまた一つ増え、暮らしに手作り感の彩画が添えられそう。
次は、沢庵漬けに挑戦してみようかな。

第2章　スッキリと暮らす

ちょっとした工夫と知恵を楽しむ

ものを増やさないと決める

ものが増え、どこに何があるかわからない状態になると、それがストレスにつながることがあります。

自他ともに〝暮らしの達人〟になるには、ストレスをためない、ものをためないことだとつくづく思うのです。

不要なものに囲まれると心が落ち着かず疲れるものです。

整理整頓されたシンプルな生活は、そこにいるだけで心がほっとしませんか。

ものが少なく空間が広がると、暮らしへの関心が増し、これまで見えなかったものが見え、生活の新発見や工夫が生まれるかもしれません。

さらに、何でもない身近なものやことが愛しく大切に思え、毎日の小さな感動につながっていきます。

家の中の整理整頓ができないと悩んでいる人は、たいていは自分自身が整理整頓されていないことが多いものです。まずは、自分の家の広さに合わせ、ものの数や場所を決めておくのもいいかもしれません。

所有するものの数は、自分の収納スペースに合わせるのが収納上手につながります。

一度に整理整頓できなくても焦ることはありません。

何事も無理なく少しずつやることで、ものも自分も整理整頓されていきます。

整理整頓が苦手でも、一日１個捨てる、と決めると、できそうな気がしませんか。うまくいけば、一か月で30個、一年で３６５個のものが自分の周りからなくなる計算になるので、わかりやすいです。

こんなことを考えていると、なんだか心も体も整理整頓され軽くなったようで楽しくなってきます。

ものの整理整頓は一度にはやらず、今日できなければ明日やろうというくらいの気持ちで。自分の心と付き合いながら少しずつ。

ものとの付き合い方は、掃除同様、完璧ではなくそこそこで十分かもしれません。要は、自分の頭に何が、どれだけ、どこにあるのかがわかっていればいいくらいの気持ちも大切です。

やる気を起こす

人の日々の気分は気まぐれ。

ある日は、今日こそ！　とあれもこれも挑戦する気になるのに、ある日は、何もする気がしない、たった徒歩3分くらいの駅までも歩くのがめんどうなときがあります。

そんなときは何もしないでボーッとする、それくらいの自分へのやさしさやいたわりも必要です。

でも、それが何日も日常的に当たり前のように続いては、仕事も家事にも支障をきたしてしまいます。

大切なのは、やる気が起こるのを待つのではなく、自分がやる気を起こす工夫をすること。

さあ、やりましょう、と自分で自分を奮い立たせるのです。

どんな小さなことでもいい、まず自分でできる最小のことをなんでもやってみることです。

私は、簡単に短時間でできること、植木の水やりやテーブル拭きなど、まず体を動かすことから始めます。

まず掃除から

すぐ結果が見える家事・掃除は、やる気を起こすにはいいきっかけになるもの。

とくに掃除は、明日やろうと引き延ばせば、必ず不健康な汚れや空気が部屋中に溢《あふ》れるようになります。

ましてや、コロナ禍の今、住まいを清潔に保つことは、心身の安全・安心につながるので、何よりも気をつけなければいけないことです。

いつもきれいな部屋は、健康的で心も体も元気になれ、ウイルスや病気とは無縁になれます。

こんなことを考えているうちに、さて、床でも拭くかという気持ちになるから人の心は摩訶不思議なもの。

やる気を出すのが目的だから、なんでもいい、短時間の小さな掃除からスタートするのがおすすめです。

やる気を起こすための掃除は、メイン料理の前菜のつもりで。

できるだけ短時間でできるものを選びます。

けして、いきなり部屋全体を片づけたり、磨こうとは思わないことです。

どんなことでもいい、一か所集中で、5分くらいでできるものを探してみます。

人生すべて、何事も徹底的にやろうとしないことが大切なのです。

〝そこそこ〟を目指し、ある程度で終えるのが一番。

上手な掃除は元気を呼ぶ

掃除は、汚したらすぐ、汚れがひどくならないうちに手入れを心がけるのが基本中のキホン。時間も手間もいらず、心も体もラクラクです。

小さなことを決め、今やらなければ、もっとめんどうなことになると肝に銘じるのです。

汚れたらすぐキレイに。

壊れたら自分で直せるものは一週間以内に直します。

自分なりの決め事をしっかり決めておく。

毎日を楽しく元気に過ごすためには。

〝やらなくては〟、〝片づけなくては〟の悶々とした気持ちをかかえて過ごすと、ストレスだけをため込むことになります。

小さな掃除は、上手な掃除、そして元気を呼び起こしてくれます。

嫌いな掃除を楽しく

好きこそものの上手なれとは言うけれど、私は嫌いだからこそ、掃除をビジネスにしてしまったタイプです。

私の場合、嫌いと言って放置するのではなく、不快でめんどうな掃除を何とか解決しようとするエネルギーが人以上に強く働いたのかもしれません。

その根底に流れているのは、嫌いだけれど、汚れて不潔な部屋に住みたくない、いつもきれいで快適な空間にしたい、そのためにはどうすればいいか、そんな熱い！思いがビジネスにつながったのです。

嫌な掃除をただ耐えてやるのには我慢できなかった。

だからといって無視もできない。何とかしなくては！

こんな悶々とした不満を解決する方法を考えた結果、掃除を仕事にすればいいと。

掃除のプロを養成し、職業としての掃除をサービスとして提供する。

料理はレストランや市販の総菜屋さんがあり、洗濯はクリーニング屋さんがあるように、掃除のプロが存在してもおかしくないのです。

三十数年前の新ビジネスの船出は、前途多難、日本人の感覚では〝掃除は女が家で、ほうきと塵取《ちりと》りでやるもの〟が常識でしたから、今考えると、周りの人たちは、なんと先の見えない無謀で非常識なことをやるのだろう、とハラハラしたことでしょう。

時代は移り、男女とも家事への意識は変化し、必ずしも家事・掃除は女がやるものではなく、できる人ができることをできるときにやればいい、となりました。

床掃除用の掃除ロボットの出現や掃除機の性能もアップし、掃除機能が付いた浴室やエアコン、便器などまで現れ、毎日の家事がずいぶん便利でパワーアップし、ラクになりました。

ところが、今でも、日本では、嫌いな家事の中で断トツナンバーワンの掃除。まだまだすべてを機械に任せるほど掃除の技術は進んでいません。

今でも家をキレイにする掃除の主人公は、機械ではなく人そのもの。

でも、掃除機など便利な文明の利器を上手に使い分けながら、その人なりにできることをできるときにすれば、心も体も嫌な掃除から解放されるはずです。

掃除も昔に比べるとずいぶんラクになりました。

上手な掃除で家も体も磨かれる

掃除は、好きでなくとも上手になればいい。わが持論です。

もちろん、嫌いな家事すべてに言えることです。

そのためには自分の掃除スキルを磨き、できないときは人の手や便利な道具を借りればいいのです。

掃除は、どんなに嫌いでも、清潔に住まうため、ましてパンデミックな時代だからこそ、目に見えないウイルスに立ち向かい、健康生活を維持するためにはどうしてもやらなくてはいけない家事です。

お金をかけて他人に任せるのも一案ですが、自分でやるなら、汚れが重ならないうちに定期的にするのが、家も心も体も快適です。

もちろん、軽い汚れの掃除なら労力も時間もかかりません。

よく考えてみれば、掃除ほど体を動かす家事はありません。

部屋中に掃除機をかけながら体を動かせば、ラジオ体操をする以上に効果がありそうです。

血行が良くなれば、シミやしわも少しは減るかもしれない。

こまめに体を動かすことは気持ちがいいものです。


気がつけば、床の汚れをさっと拭き、落ちているゴミはヨッコラショと拾う。

部屋中を歩きながら、「めんどくさい」と思う前に手や体が動いています。

階段を上がりながら、手すりやほこりをチェックし、汚れていれば〝そこだけ〟拭く。

腰はすっと伸び、気持ちはルンルン。


めんどうなキッチンの油汚れも、使ったあとさっと濡れたタオルで拭くだけ。

汚れは熱いうちに〝打て〟ば、鉄同様、響き反応し、簡単に取れるのです。

この調子で、使った後のテーブルも道具もすぐ拭いたり手入れをすればいいのです。

背丈以上の場所は、手足と腰を伸ばす絶好のチャンスとばかり、意識しながらはたきかけをする。低い場所は、足と腰の屈伸のチャンスと考えます。

掃除は嫌い！　と目を背けず、自分の美容健康のために意識しながら体を動かします。それこそ、掃除上手になるための近道です。

もちろん、わざわざジムへ出かけなくても、運動不足も解消できます。

考え方ひとつで、嫌いな掃除も健康的な自宅トレーニングへと変化するのです。

もちろん、部屋はいつもそこそこ清潔でキレイ、毎日の暮らしも快適です。

ちょっとした工夫や知恵を楽しむ

◇部屋のにおい

コロナ禍の今、今まで以上に窓を開け、換気を心がけ、きれいに掃除をしているのに、巣ごもりが続くとどうしても部屋のにおいが気になることがあります。

はて？　加齢臭かと、自分の体のにおいを疑ったりします。

消臭剤を使うのもいいですが、それではなんだか物足りない。

ちょっと遊び心をとり入れた知恵を思いつくことも楽しいものです。

きれいなジャムの空き瓶に、重曹をたっぷり入れ、玄関やキッチンの片隅、リビングのソファの後ろに置きます。

安心で安全、エコロジーの消臭剤が出来上がります。


遊び心のついでに、半分残ったレモンに丁字《ちょうじ》（クローブ）を刺して、気になる部屋の隅に置いてみました。

レモンとクローブの香りが漂い、心まで消臭されそうです。

わが家は全室禁煙ですが、その昔、たばこのにおい対策には、ゲスト全員が帰られた後、窓を開け、濡れたタオルを両手に持ってブンブン振り回しました。

5分もすると部屋のたばこのにおいはきれいに消え、体を適当に動かしたせいか、においと一緒にパーティの気疲れもどこかに飛んでしまいましたが。

◇アルミ箔

料理の回数が増えれば、洗い物も多くなり、気がつけば流しも排水溝も水垢やぬめりの大合唱。

水垢やぬめりは、キッチンのにおいの原因にもなります。汚れも気がつかないうちに呼びこんでしまいます。汚れは重ならないうちにきれいにすることが心も体もラクなので、排水溝のゴミかごに使用済みのアルミ箔を丸めて入れてみました。

アルミ箔は水に触れると金属イオンが発生し、抗菌作用が働き、汚れやぬめりの予防にもなります。

おかげで、わが家の排水溝のぬめりが減り、汚れもつきにくくなり、キッチンの空気もさわやかになりました。

このような何気ない暮らしの中で見つけたグッドアイデアは独り占めしてはもったいないので、もちろん老脳の記憶から外れないように、すぐにメモします。

豚肉にブドウ

ドイツに住んでいたころ、夏の一週間、モーゼル地方を車で旅したことがあります。モーゼル川に沿って急傾斜のワイン畑が続くワイン街道、車窓からの景観をのんびり楽しみながら立ち寄った小さなワイン村の小さな民宿。

予約なしで飛び込んだにもかかわらず家族経営の小さな宿は清潔で温かく、息子夫婦は泊まり客の食事の世話、丁寧で多弁な80代の父親は自分が造っているワイン蔵を案内してくれ、家族全員がそれぞれ分業スタイルで温かくもてなしてくれました。

夕食は、息子のお嫁さんが作った豚肉料理。

初めて食べる豚肉とブドウの煮込みは、口に入れたとたんとろけるほど柔らかく甘酸っぱくジューシー。思わず〝ゼア、グート！〟（美味しい！）と叫んでしまったくらい。言葉で表せないくらい素朴かつ絶品でした。

白いご飯にも十分合いそうと思いましたが、残念ながら固いライ麦パンが添えられているだけでした。

今でも、モーゼルワインと聞くと、思い出すのがあの小さな宿の夕食に出された豚肉の素朴で秀逸な味。

それ以来、ブドウで煮込む衝撃的で美味な豚肉料理が私の定番料理に加わりました。


果物には肉を柔らかくする酵素を持つものがあります。

とくにパパイヤやパイナップル、リンゴに含まれる酵素が、豚肉を柔らかくしてくれます。

煮込んでもよし、パパイヤやパイナップルなどの果汁に数分漬け込むだけでも柔らかくなります。


森の家で過ごす夏はブドウのシーズン。

ふもとのスーパーや道の駅でスチューベンやキャンベルなど安いブドウを見つけたら、心が躍り、つい箱ごと買い込んでしまう。

好きで美味しいものはつい大量に買い込んでしまう悪い癖です。

いつでもつまんで食べられるようキッチンのインテリアを兼ね大皿に山盛りにしたり、

ジャムにしたり。

もちろん、あのモーゼルの豚肉料理に思いを馳せながら、豚肉と一緒にコトコト煮込んだりします。

いくつになっても、美味しいものを作って食べる喜び、これこそ人生を幸せに豊かにしてくれます。

豊かな節約を楽しむ

豊かさも貧しさもしょせん意識の問題です。

お金があるから幸せでもないし、お金がないから不幸でもない。

お金のための節約ではなく、暮らしを豊かにし、心も体も喜ぶ健康的な節約を楽しみたいと思います。

◇捨てる野菜を育てて使う

セリや三つ葉など、根のあるものは、使用後捨てないで、陶器やガラス瓶に水を張った中に根付きの茎を入れておけば一週間くらいでまた新芽が伸びてきます。新しい青々とした新芽は、ほんの少し薬味として使うにはとても便利で重宝します。

いわゆる〝育てて二度も三度も使う〟、さらにキッチンの窓辺のインテリアにすれば心が和みます。

ときどき、水やりを忘れなければ、新鮮なミニ野菜や薬味としてすぐ使え、長い間楽しめます。

葉付きの大根やニンジンなども葉の下をカットして、深めのお皿で水栽培をします。数日で葉が伸び、ちょっとしたサラダのトッピングや野菜、それに味噌汁の具に使えます。

残った野菜など、捨てるのはもったいないではなく、まず何かに使えないかと、あれこれ工夫や知恵を考え見つけると、それが日々の暮らしで立派に役に立つのです。

何よりも、心も体も得をしているようで嬉しくなります。

もちろん、捨てる野菜を育てて使う、エコ感覚もちょっぴりあって、暮らし上手な自分を褒めてあげたくなります。

上手な暮らしとは、お金のための節約をするのではなく、〝身近なものを工夫し生かし使い切る〟ことのような気がします。

◇根菜野菜は葉付きを買う

毎年、夏を過ごす森の生活で楽しみなのは、ふもとの道の駅や野菜の直売所で手に入れる泥付き葉付き野菜の数々。

とくにニンジンや大根のふさふさした葉が付いた野菜を見つけると、気持ちが高鳴り、何本も買ってしまいます。

大根の葉は、帰宅してすぐに葉を切り落とし、大量の葉を干し葉にします。

天気のいい日を選び、適当な大きさに切ってもそのままでも、三日ほど干すだけ。昔から寒い地方では冬用の保存食にし、料理に使いました。

自然の太陽の光をいっぱいに浴びてカラカラになったものを刻んで味噌汁の具に使ったり、そのままご飯に炊きこんだり、浴槽に入れて薬湯として使ったりします。

普段から、生シイタケや大根のスライスの天日干しをよくやりますが、夏の干し葉も健康的で気に入っています。

太陽をいっぱいに浴びてカルシウムや鉄分を含んだ干し葉を浴槽に入れ、ゆったりと身を沈めると、草に染み付いた太陽の香りがバスルームにほんわかと漂い始め、疲れた心身が少しずつほぐれていく、お金には代えられない至福のひとときです。

◇水道水の心和《なご》む話

前回よりも水道メーターの使用量が跳ね上がっています！

検針に回ってきた水道局のお兄さんが、もしかして水漏れではないかと調べたがその心配はなさそう、とわざわざ知らせてくれました。

では、なぜ？

お兄さんはなんだか心配そうです。

確かにコロナ禍で在宅時間が増え、料理やお風呂、手洗いで使う水道の量が一般的に増えているのですが、と彼。

わが家の場合、ちょうど夏の終わりで、そのころ一か月以上の森の生活から戻ってきたばかり。留守宅で静かに昼寝をしていた水道のメーターが、住人を迎え急に跳ね上がったらしいのです。

長期に留守にしていた事情を話すと、そういうわけでしたか、とその親切な検針員は納得した様子でした。

普段から、水は大切な資源と心し、節水にも心がけているつもりでしたが、山荘暮らしで蛇口をひねれば山からの水があふれてくる生活にすっかり慣れ切って、都会での安定した水の供給のありがたさをすっかり忘れていました。

その心やさしい検針員さんが、忘れかけた貴重な水の存在を思い起こさせてくれたのです。

以前、厚労省の生活環境水道部会の審議会委員をしていたとき、担当のお役人が、「日本の水道水は世界一安心安全です」と胸を張っていました。

ドイツでは水道水は直接飲み水にはできません。硬度が高いので、買うか、ためた水をろ過したものを沸騰させ飲み水や料理に使っていました。

一日の始まりから終わりまで、暮らしに欠かせない水。

親切な検針員さんのおかげで、毎日安心して使える日本の水道水に改めて感謝。

美味しいかどうかは別にして、安全で安心な水道水が飲めることに喜び、自然からいただいた資源を大切にする気持ちを、おりにふれて意識し感謝し続けなければと思った次第です。

心が落ち込んだら

私は、心が落ち込んだり、気持ちがダレ気味になれば、自分にカツを入れるつもりで、掃除も料理も普段より気合を入れて丁寧にやります。

いつもは安くて軽いコードレス掃除機でスイスイ済ませる床掃除を、わざわざ重いドイツのミーレの掃除機をヨッコラショと取り出し、隅々まで徹底的にほこりを取る。

大きな音を立て隅々のごみやほこりを徹底的に吸い取ってくれる威力に、さすが機械はドイツ製だわと妙に納得し、部屋も気分もスッキリするのです。

時間は関係なく、長時間の煮込み料理に挑戦したり、床や窓ガラスをゴシゴシと腕や背中が痛くなる寸前まで〝非効率〟に磨くことがあります。

普段の私らしくない環境に身を置くことで、なんとなく気分が変わるような気がするのです。

こうしているうちにいつのまにか、心がしゃんとして、体も背筋が伸びたようで気持ちも元気になり、すべてがリセットされ、何かいいことがありそう、人生も捨てたものではないと思えるようになるのです。

なんでもいい、財布の許す限り、何か一点、贅沢をしてみるのも気持ちがスカッとします。

高級ホテルのアップルパイや総菜を買って、自宅で贅沢な一人ランチを楽しむこともありますし、カサブランカを数本余分に買って玄関中に広がる甘い香りで、普段より気持ちが豊かになるのを楽しむこともあります。

年を重ねるとともに、自分が喜ぶ、小さな贅沢の引き出しを自分なりにどんどん増やしていきたいものです。

心が喜ぶエコな暮らし

人は考える葦である。
確かに、日々考えて暮らす中に創意工夫が生まれ、生活が便利で豊かになります。
ただ便利さばかりではなく、気持ちが豊かになるような暮らし方も大切だと思います。
心が喜べば、体も健康的に弾むし、明日への希望や元気が湧いてきます。
バランスの取れた暮らしの中にこそ、心も体もゆとりが生まれます。
工夫する中に日々の暮らしの楽しみや喜びを発見することがあるのです。

◇ガスも電気も効率よく使う

あるとき、ガスコンロの炎は、フライパンや鍋などの調理器具だけを温めるのではなくコンロそのものも温めることに気がつきました。

だから、料理タイムは時間を決め、コンロを使う時間を集中し、間を空《あ》けすぎないことにしました。そうすれば時間が経って冷たくなったコンロを再び温める余分なエネルギーが節約できそうです。

さらにガスの火力はいつも中火から。

強火はめったに使いません。強ければいいわけではないからです。

どんな鍋を火にかけても、鍋底から炎がはみ出さない中火が、ちょうど良い火加減で熱効率もよく調理時間も短くて済むのです。

もちろん、ガス代も少なくて済みます。

かつて暮らしたドイツでも、毎年末を過ごすオーストラリアのキッチンも熱源は電気。調理の途中で早めにスイッチをＯＦＦにして余熱を上手に利用すれば、余分な電気エネルギーを使わなくて済みます。

森の家はあえてキッチンの熱源は電気にしたくらい。

何事もピカピカできれいなものが好きなほうですが、お鍋の底だけはなるべく磨かないようにしています。

熱吸収率がいいのは黒い色。

ピカピカの鍋底は、熱が反射してしまうため熱効率が悪くなるのです。

調理後、鍋の中はきれいに拭いたり磨いたりしますが、鍋底は軽く拭く程度にしておきます。

ついでながら、火にかける鍋は水分をしっかりと拭いておけば、熱効率が良くなります。


何でもない日々の暮らしのついでに思いついたことなどを実際試してみると、うまくいくこともいかないこともありますが、考えることでどんな小さなことでも老化した脳みそに新鮮な空気が入ったようで体中の細胞がよみがえる感じです。

それに、暮らし上手にもつながるような気にもなります。

バスタイムと日向水

最近は直接お湯が出るタイプが多いようですが、わが家のお風呂は水をためるタイプ。

お風呂のバスタブの水張りは、季節によって時間を変えます。

夏は、午前中に水をためておくと水温が上がるのでガスエネルギーが効率的ですが、寒い冬は温度が下がるので沸かす直前がベストです。


そういえば、子どものころの日向水《ひなたみず》を思い出しました。

日の当たるところに井戸水を張った木製のたらいを置き、太陽の熱で温かくなったぬるま湯で行水《ぎょうずい》を楽しんだ暑い夏の午後。

熱くも冷たくもなく、汗ばんだ素肌に心地いい温度で、お風呂嫌いな子どもにもワイワイガヤガヤ楽しめる露天風呂でした。

母たちは、温かくなった日向水で食器を洗ったり、洗濯をしたりしていましたが、今のように便利な洗剤のない時代、太陽の熱を吸収した少しぬるめのお湯が、汚れがよく落ちることを知っていたのでしょう。

先日、散歩の途中、水を張ったペットボトルを10本くらい塀沿いに並べている家があり、その家に住む一人暮らしのお年寄りの顔を想い浮かべながら、手洗いに使うのか、食器を洗うのか、あるいは何かのおまじない？など、わがつたない空想ゲームは膨らんだのです。

昭和の日向水は、使いまわしの木製やブリキ製のたらいでしたが、平成のそれは、なんとペットボトルの廃物利用。

ものを大切にする丁寧な暮らしを見たようで、なんとなく心がはんなりしたのです。

カボチャの魔力

夏になると、森の家のふもとの道の駅や野菜の直売所では、山のように積まれたカボチャが登場します。

前述したように、カボチャといえば、カボチャが大嫌いだった亡き父と母を思い出します。

戦時中の食糧難の時代、来る日も来る日も自分たちで作ったカボチャを食べ過ぎたからだという。

でも、私はカボチャが大好き。

カツオと雑魚のだし、醤油を一滴たらして煮込んだほんのり甘いほくほく感がたまりません。

いつもながら大きなカボチャを数個買い求め、森の家のキッチンやリビングの窓辺に飾ります。

〝おはよう、元気？ 今日も良い一日になりますように〟

毎日の台所仕事のたびに話しかける貴重な山の話し相手。

といっても相手は無言の一方通行ですが。

夏の短い滞在中、森の素朴なインテリア、そして聞き上手な友としても楽しませてくれます。

夏の終わり、山荘を閉め、都心の家に戻ってもカボチャをキッチンの窓辺に飾り、辛抱強く冬を待ちます。

冬至には、古人に返った気持ちで無病息災のおまじないをかけ、時間をかけてコトコト煮ます。

夏から秋まで窓辺でじっくりと熟したカボチャ、煮物にして口に含むと舌にやさしくほっこりと素朴な味が絶妙。

昔から冬至に食べると風邪をひかないといわれるカボチャ。

ナンキンとも呼ばれ、β《ベータ》カロテンやビタミンも豊富です。

自然から生まれた美味しいものは体だけではなく心までやさしくしてくれそうです。

四季折々の楽しい家仕事

つくづく日本人でよかったと思うのは、豊かな自然の四季があること。

昔も今も、季節ごとに繰り返される暮らしの行事の数々。

便利になった近代生活では、昔のようにはできなくても、毎日の暮らしにちょっとだけ四季の行事や知恵を取り込んで、自然の移り変わりを楽しむことはできます。

四季折々の行事のまねごとをしているとき、なぜか心の底からほっこりした喜びが湧き上がってくるのです。

◇お正月は新しい始まり

信心深い母は、どんなに忙しくても、正月のお飾りは31日の大みそかは〝一夜飾りで縁起が悪い〟と、29日を除き、必ず30日までに飾ることをかたくなに守っていました。元旦に目が覚めると、子どもたちの枕元には新しい下着と靴下、それに玄関には新しい運動靴がきちんとそろえて置かれ、さあ今日から新年が始まる、と子ども心にも嬉しさでワクワクしたものです。

年を重ねた今でも、どこにいても私は元旦には何か一つ新しい下着を身に着けることにしています。

たとえ安物の靴下一足でも新しいものを身に着けると、背筋がしゃんとし新しい何かの始まりを感じ心が躍るのは、何歳になっても嬉しいお正月だからでしょうか。

◇鬼は外、福は内

コロナ禍の今年の節分の豆まき、「鬼は外」と叫びながら、鬼を新型コロナにたとえて普段より力が入ったのは私だけではなかったかもしれません。

もともと節分は、季節が変わり、春が訪れたことを知らせる行事。

季節の変わり目には体調も崩しがちなので元気でありたいという願いも込め、一年の邪気を外へ追い出し、福なるものを家に招き入れるのです。

子どものころから欠かしたことのない豆まき行事。

年を重ねた今も心が躍る楽しい行事の一つです。

豆まきは炒り大豆を使い、まいたあとは自分の年の数プラス1個の豆を食べるのが昔からの習わしだそうですが、さすがこの年になって数えるのも大変。

しかも、大量の大豆は老いた胃袋には耐えられそうもありません。

そこで、最近は永遠の青春の二十歳《はたち》の願いを込めて20個と決めています。

今年も手作りの恵方巻をその年のめでたい恵方を向いてガブリ。もちろん、願いを込めて。

食べ終わるまで振り返らず、黙ったまま食べなくてはいけないらしい。

最近のコロナ禍のせいで〝黙食〟はいいとしても、太巻き一本を最後まで丸かじりもしんどい。適当に切った太巻きを口に入れ黙々と食べることにしました。

これでも、年とともに変化する自分都合の四季折々の行事は十分楽しめます。

今年の恵方は、確認を怠らずしっかり間違えずに丁寧に正確にやれました。

◇ひな祭り

一年ぶりに会うわがおひな様。

箱からそっと取り出し始めると、まるで親友に久しぶりに再会したようで懐かしく嬉しくなります。

幼いころからずっと一緒に歩んできた小さな内裏雛《だいりびな》。

片時も離れたくなくドイツまで一緒に連れていったほどの仲良しです。

２月の終わりに箱から出し、３月いっぱいまで飾ります。

子どものころ、伝統をかたくなに守る母は、３日を過ぎても人形を飾っていると女の子の結婚が遅れると、３日の夜にはさっさとほこりを払い紙に包んで箱にしまっていましたが、私は気にしません。

少しでも長くおひな様と一緒にいたいし、この年でいまさら婚期が遅れるわけもない。

買い求めた桃の木の枝や桜餅を飾り、春の気分を楽しみます。

４月になる直前、ほこりをきれいに払い、お互い元気でまた、と言葉をかけながら箱にしまいます。

◇春分の日と秋分の日

前後3日間をお彼岸《ひがん》と言い、春はぼたもち、秋はおはぎ。

小豆の赤色が魔除けと言われ、そもそも仏壇に供えるお菓子でした。

時間があれば手作りしますが、作り方はとても簡単。

もち米を炊き、熱いうちにすりこぎで粗くつぶし、小さく丸めたものを市販の粒あんで包み込む。

甘くないきな粉をかけたものを作っておくと小腹がすいたときに軽食として重宝します。

◇新茶の味は日本人の心

立春から数えて八十八夜。

この日が近づきそろそろ茶摘みのニュースが聞かれるようになると、お茶が大好きな私はなぜかそわそわします。

その年の初めに摘んだ新茶は香りも味も最高。

新茶は冬に蓄《たくわ》えられた栄養が豊富で、とくにアミノ酸の一種のテアニン効果で心身をリラックスさせてくれます。

ぬるめのお湯で淹れた新茶、口に含むとほのかな渋みが野山の青い葉の香りとともに体中に広がります。

二番目はコクのある味を楽しむため熱湯で淹れ、数秒くらいでさっと注ぎます。

丁寧に淹れた新茶をゆっくりと口に含むとき、ああ、日本人でよかったとつくづく思います。

新茶は、昔の人々同様私にとっても、不老長寿の縁起物、健康維持のための薬草のような存在です。

◇菖蒲湯

端午《たんご》の節句。

今は男の子の無事の成長を祝うお祭りになっていますが、もともとは豊作を祈願して女性の代わりに、この日は男性が家事をする女の祭りだったようです。

最近は家事をしない男性は女性に不評で人気がないそうですが、昔の男性はこの日だけは強制しなくても女性をねぎらってちゃんと家事をする習慣があったのです！豊作を願い女性たちが菖蒲湯《しょうぶゆ》やヨモギ湯などの薬草湯で体を清め、田植えの安全豊作を祈った儀式だったからこそ、男性がこの日だけは家事を行ったようです。

スーパーや八百屋さんの店頭で菖蒲を目にすると必ず買い求め、その日のバスタイムは菖蒲湯を楽しみます。

菖蒲の根も葉もりっぱな漢方薬で、薬草の青い香りが漂うお風呂に身を沈めると、リラックスし、疲れが遠くへ飛んでいきそうな気分になります。

近くのスーパーでは、菖蒲と一緒にヨモギが付いてくることがあります。

ヨモギの葉も一緒にお風呂に入れると、肌がしっとりし、肌荒れを防ぐ効果もあるそう。

自然からの贈り物の菖蒲湯。体の内も外も美しく健康的にしてくれる安心安全な〝アロマ湯〟なのです。

◇七夕は日本の大人のラブストーリー

新暦の7月7日は梅雨明けの曇り空が多く、夜空に星を仰げないことが多いのですが、私の故郷では旧暦の8月8日が七夕。

今でも私の七夕は、子どものころから8月。

そのころは森の家で過ごすことが多く、梅雨が明け、晴天が続く夜空には数えきれないほどの星がきらめき、今にも星屑が降ってきそうなメルヘンの世界に酔いしれてしまいます。年甲斐もなく。

天の川を挟んで織姫と彦星、こと座のベガとわし座のアルタイルの恋人同士が一年に一度会うことを許されるという壮大なロマン。

雨が降ったら川をどう渡るのと尋ねる子どもの私に、カササギという鳥に乗ってくるから大丈夫と教えてくれたのは父。

無事に会えたかなと寝る時間を忘れるくらいいつまでも夜空を眺めていたのを思い出します。

大人になった今は、さすがに願い事を書いて笹につるすことはしませんが、近くの幼稚園で園児たちが書いたいろいろな短冊の願い事を見たとき、なんだか懐かしく、私も星空に願いを込め一筆したためたくなりました。

◇十五夜の月見

澄み始めた秋の空にくっきりと浮かぶ満月。

〝花より団子、月より団子〟ではないですが、お月見にはすすきの横にピラミッドのように重ねたお団子の風景は欠かせません。

供えるお団子の数は、十五夜にちなんで15個。

ですが、数が多いと作るのも食べるのも大変なので、市販の串に刺したお団子をお皿に5本重ねるのが私流。

見ているうちに我慢できず、お団子が固くならないうちにとすぐいただいてしまいます。

お花見もお月見も甘い美味しいものを食べることが何より一番！　かもしれません。

◇除夜の鐘と年越しそば

2020年の大みそかは、12年ぶりに日本で過ごしました。

新型コロナの影響で毎年出かけるオーストラリアへは行けなくなり、いわゆる巣ごもり状態で年末年始をおとなしく? 自宅で過ごすことに。

さて、コロナ禍の三密を避け、初詣はさっさと暮れに済ませ、あとは除夜《じょや》の鐘を聴き年越しそばを食べ、元旦は自宅で寝正月。

当たり前の日本の行事や習慣がコロナのおかげでもとにリセットされた感じです。

自慢ではありませんが、年を重ねるにつれ、いつでもどんな場所でも、環境に合わせ、何か楽しみを見つけるのは得意になってきました。


年越しそばは、細くて長いそばにあやかって、はやりの100歳長寿を祈願するわけではありませんが、日本の伝統的な習慣もやってみるか、と挑戦することに。

夕食は、デパ地下で買ってきた生そばをたっぷりのお湯で茹で、鶏肉でとった薄味のだし汁に、風邪予防にネギをたっぷり刻んで入れます。

フーフー言いながら食べる温かい汁そばは、体が芯まで温まるので１００歳まではともかく今日一日はとにかく命がつながりそうな気がする。

あとは、近所のお寺の鐘が鳴り始めるのを待つのです。

人間の持つ１０８の煩悩を取り払う除夜の鐘の音を聞きながら、今年の嬉しかったことは残し、つらくて大変だったことはキレイさっぱり消し去る、こんなことあんなことを考えながら心を清め、新年の平穏無事を改めて祈ります。

やがて、気持ちも前向きに晴れ晴れ、来年こそいい年になりそうな気がしてきました。

第3章　元気に明るく暮らす

心も体も自由で元気に！

年なりに、元気に、前向きに

どんな人も年を重ねることは平等でしかも初めての経験。

人生の出来事同様、心身ともに出会う新しい自分との戦いの毎日なのです。


ああ、年を取りたくないと否定的に後ろ向きに考えるのか、なるほどこれが老いなのか、と前向きに興味を持ち、老いと共に生きる努力をするかによって心の有り様がずいぶん違ってくるような気がします。


様々な老いの症状に嘆かず、プラス思考の気力で補えば、体も心も若々しく元気で、誰が見ても、実年齢よりも数年から、数十年以上引き算したように若々しく見えるもの。

年を重ねることはけしてマイナスではないのです。

若さを保ちたいとサプリメントを飲んだり、しわやシミ対策にあれこれ化粧品を使って心を悩ますより、もっと大切なことがあります。

いつも前向きに自分らしく自立した気持ちで柔軟な心と体を持ち続けて暮らす。

こんな単純なことは、年を重ねたからこそわかる〝お宝〟のような気がします。

しわやシミは気にしない

顔のしわや筋肉の衰えなど老いによって生じる数々の症状は、隠そうとすればするほど目立ってしまいます。

年齢に見合わない若作りや厚化粧は、かえって他人の失笑や憐憫《れんびん》を買うことを高齢になればなるほど思い知ることです。

顔のしわやシミを嘆くより、欧米の高齢女性たちのように〝人生の勲章〟と笑い飛ばし、外観より内面の美しさに気を使い、できる範囲の筋トレをやって、少しでも筋力をつけ何歳になっても自力で歩けるよう努力をしたいものです。

年を重ねる利点は、堂々と開き直ることができるところかもしれません。

無理した厚化粧や若作りより、素朴で清潔な年相応の装いの中に、健康的な知性や教養が体全体からにじみ出てくるのを目指したい。

できれば、あんな風に年を取りたい、と若年層に夢と希望を与えるような生き方をしたいものです。

体をこまめに動かす

この一年間のコロナ禍の巣ごもり生活で発見したことがいろいろあります。

油断すると体質的にすぐ血糖値が上昇する私は、わずかでも毎日の運動が欠かせません。ジムもクローズの状態、この際、わざわざジムに通ってトレーニングするより、毎日の暮らしの中で体をこまめに動かすほうがコロナ禍のライフスタイルに合っています。

ジムがオープンしても、コロナ感染を用心してジム通いもなんとなくサボりがちになりそうだし、むしろ自宅で気軽にできるトレーニングを心がけたほうが心身ともラクそうに思えてきたのです。

自宅でのトレーニングは、少しの時間のやりくりは必要ですがお金はかからない。毎日の習慣にしてしまえばいつのまにか抵抗なくできそうですし、自分の都合で開始や終了をいつでも調節できるのもいい。

ただし、自分を甘やかさないように、在宅の曜日や時間に合わせ簡単で短時間の自己トレーニングのメニューを作り、それを習慣化します。

昔から気を許すと怠けぐせの出る私の場合、まず三日坊主にならない〝自主トレーニング〟の動機づけが必要なので書き出してみました。

・無理をしないこと。
・自分の体調や予定を考えてラクな計画で。
・週に何回、どれくらいの時間を費やすか。
・人のまねをしたり強制されないこと、あくまでも自分流で。
・寝る前、体のためにその日にやったことを思い出すこと。

すべては健康な心身を保つためにできることを体力に合わせてやればいいのです。

知人の健康医学の医者によると、50歳でも60歳でも、70歳になっても、筋トレや有酸素運動はいつ始めたとしても遅すぎることはない、とか。

何事も続けることは命なり。びっくりするほど筋力がつき、心臓や肺の状態をよくしてくれるというのです。

この年まで生きてくると、あれがいい、これがいいとマスコミやビジネス商魂たくましい情報が氾濫《はんらん》するのに振り回され、すべて試したけれど病気になったり認知症になったりした人を多く見たり聞いたりします。

氾濫する情報は必要以上に恐れずさっと聞き流し、鵜呑《うの》みにすることなく自分にできることを上手に選ぶ。

年を重ねたら、周りの情報に振り回されず、それなりに自分の判断の基準と覚悟ができていると自分を信じて生きていくのがいいのです。

別に長生きをしたいとは思わないけれど、生きている限り元気で健康に過ごしたいと思います。

病気になればそれなりに治療し、仲良く折り合いをつけ共存していけばいいのです。

私は余分な延命治療はしないと決めています。

健康生活は目的ではなく、元気な自分をさらに高め維持するための土台と考えます。60過ぎたら、何事も気楽に、気ままに過ごすくらいでちょうどいいのです。

日常生活の中でできる簡単トレーニング

実際あれこれ試してみると、想像以上に〝これならできそう〟な簡単な運動がいろいろぞろぞろ出てきました。

読書やデスクワークに疲れたら、５秒くらい動かない机や壁を強く押すだけで縮んだ手や足の筋肉が伸びます。これはＮＨＫの番組でやっていたのをまねて思いついたときにやっているうちに、いつの間にか習慣化してしまったものです。

さらに数秒片足立ちするだけで、体のバランスをとる訓練になるので、日常のあらゆる場面、歯を磨くとき、テレビを見るとき、靴下をはくとき、髪を整えるとき、必ず一回は片足立ちを意識します。

最近は、信号待ちのときに少しだけ交互に足を上げて立つようにしています。ただし、手すりがないときは転ばないように気をつけること、周りから変な老婆と思われても気にしないことです。

キッチンで、下段の食器やものを取り出すため引き出しを開けるとき、膝の屈伸を意識し、気合を入れて曲げたり伸ばしたりします。

キッチン仕事が終わったら、腹筋を意識しながら床を拭く。

狭いキッチンの床なら抵抗なく1分くらいできれいに拭きあがります。

気分が乗れば、食器棚や冷蔵庫の扉の外側もついでに拭いておきます。

体力を使う拭き掃除のあとは、少し汗ばみ気持ちがさっぱりするので、掃除の作業の中では掃くよりは拭くほうが、人間の体には健康的ではないかと思います。

いつでも気楽に拭き掃除ができるように、床には一切ものを置かないようにしています。

ある日、わが家のキッチンの床はいつもきれいなので食べものをこぼしても、そのまま拾って食べられそう、と夫にいわれ驚きました。

家の中といえども他人の目は軽視できません。

私のいつもの床拭き習慣を見て、わが家のキッチンの床はいつもきれいと信じ込んでいるらしいのです。

〝きれい好き〟の私へのよいイメージをそのままにしておきたいので、自分の筋力トレーニングのためとは口が裂けても言わないでおきます。

最近は、ついでに食卓の周りの床も拭いてくれるといいね、と夫からの遠回しのリクエストが入りました。

油断大敵、気を許すと、パートナーは快適さを求めて増長する動物かもしれないと思い知ったのです。

ただ、私のトレーニングは他人に強要されないことがモットーなので、他人の甘い言葉に踊らされず、食卓付近の床は週2〜3回の定時の掃除タイムと、汚れたらそのつど拭く程度に抑えておきます。

◇階段を上る

都心の小さなわが家は三階建て、エレベーターがないので毎日の階段の上り下りは必須。若いころはトントンと難なく上り下りしていたが、最近は年を重ねるにつれ、この状態をいつまで続けられるか、と案じることもあります。

が、できるだけ長く自力で歩ける健康寿命を保つように心がけたいものです。

自宅では足腰の運動のためと自分にはっぱをかけながら、下りるときは手すりにつかまり注意しながらそろりそろりゆっくりと。

上るときは手すりにつかまり力強くトントンと意識して足を大きく上げます。

雨の日など外へ出かけられないときの運動不足解消には、できるだけ各階の用事を細切れにわざと分散し、めんどうでも階段を上る回数を増やします。

駅などでは下りはエスカレーターを使い、上りはできるだけ階段を使うようにすれば足腰への負担も少なく無理がありません。

しかも、体を動かすことで、脳細胞と神経細胞がうまく働き、憂うつな気分を追い払ってくれることもあります。

階段を上ることは、お金がかからない一番身近で効果的な運動なのかもしれません。ただし、年を考えながら少しずつ膝への負担を気遣いながらゆっくりと急がず、無理をしないことが肝心。

◇散歩を楽しむ

コロナ禍の巣ごもりの運動不足解消に散歩がいいと話題になっています。

高齢者や男性向けの雑誌には、散歩の達人になるための特集が組まれ、どこへ行くか何を持っていくか、どうすれば長続きするかなど、盛りだくさんの情報が掲載されて、散歩の穴場情報も教えてくれています。

参考にはしますが、売らんがための雑誌戦略に振り回されることはない。

散歩は、なにも難しいことはない。理屈やルールもない。

人それぞれ、とにかく自分の足で新鮮な外の空気を吸って歩くだけです。

医学的に歩くという有酸素運動は、体重のコントロールや心筋梗塞の予防にもなるようです。

郊外や田舎に限らず、都会の中心でも探せば静かで空気のきれいな散歩に適したコースや場所はいくらでも見つかります。

イギリス人やドイツ人のように天気に関係なく、毎日20分くらいは歩くことを心がけたいものです。

ドイツに住んでいたころ、今日は雨が降るので外歩きはやめにする、と隣人の老婦人に言ったら、散歩に天気は必要なし、ただあなたの気力と体力だけ、と諭《さと》されたことがあります。

なるほど、その日の天気にふさわしい服装を選び、気持ちを整えて出かけることこそ、散歩に必要なことだというわけ。

その60代のご婦人は、ご主人と連れだって毎朝定時に、雨が降ろうが雪が降ろうが、晴天にはもちろん、強風以外の日は、近くの森へ散歩に出かけていました。

毎回その日に合わせ、異なる服装を選んで散歩に出かける彼女。

その弾むような姿を懐かしく思い出しながら、おしゃれをすることも散歩の楽しみの一つだったような気がします。

散歩のとき、周りの木々や街並み、垣根の花々などに関心を持って歩くと気持ちもさわやかになれます。

美しい季節の変化を肌で感じるのは気持ちのいいものです。

私は、道端に何気なく咲いている雑草を眺めながら歩くのが大好きです。

さらに、サンプルで配られた花の種をまき、それらが芽生えるのを散歩の楽しみにしています。

これは、何かの本で読んだ文豪ゲーテのまね。

偉大な文人の足元にも及びませんが、自分のまいた種が芽を出し、花が咲くのをワクワクしながら待ちます。

これが心の元気エネルギーになり、散歩の喜びにもつながります。

もちろん、散歩が長続きするコツでもあります。

◇空を見上げる

デパ地下で買った食料品の重い荷物を下げて横断歩道の赤信号で立ち止まっていたら、〝空を見上げよう〟と車体に書かれたタクシーがこともなげに目の前をゆっくりと通過しました。

よく見ると、特別な宗教団体の街宣車ではない、一般の大手タクシー会社の最新の背の高い黒い普通車。

天井が高く、従来型のタクシーとは違いゆったり乗り心地のいい車内で、車いすやベビーカーなど大きな荷物もラクラク持ち込めるので最近は数も増え人気らしい。

パンデミックの今、暗い心を少しでも明るく元気にするために〝上を向いて空を見上げよう〟というわけなのでしょうか。

思わず心が和み、微笑んでしまったのです。

確かに、空を見上げれば元気や勇気が湧いてきます。

初めて上京したときのような晴れ晴れするような解放感や若いころのようなときめきこそないものの、この年でも空に向かって両手を広げると、一瞬、何もかも忘れ、体中の力がよみがえってくるような気がします。


私は、少なくとも一日一回は、天気に関係なく、空を見上げます。

じっと空を見つめていると、果てしない空の広がりと宇宙の雄大さが理屈では説明のつかない感動になって体中を満たしながら駆け巡っていきます。

疲れたとき元気を取り戻したいとき、空に向かって、天までとどけ！　と全身の力を振り絞って手足を伸ばします。

少しでもかつての若さ溢れるワクワク感を取り戻したいために。

◇自然を感じる

ドイツ人は自然が大好き。

それぞれの自分なりの体力や年齢に合わせて自然とのかかわりを大切にしています。

60代、70代になっても元気な人は若者に混じって、ロードバイクやマウンテンバイクで野山を駆け巡り、体力に自信のない高齢者は近くの森や公園を静かに散歩しています。老若男女それぞれが自然とのかかわりの中で、自分たちの生きるための小さな喜びを見つけるのです。

私が暮らした北ドイツの大都市でも、少し歩けば小さな公園や森があり、隣人たちは朝夕必ず気軽に散歩に出かけていきます。

大きな邸宅に住む人も、小さなアパートの住民も時間を見つけてはそれぞれが季節の花が咲き乱れるバルコニーで食事やお茶を楽しむ習慣を持ちます。

日没が遅い夏は、庭やバルコニーで、日が暮れるまで食事をし、ワイングラスを傾け会話を楽しむのです。

住んでいたドイツでの住まいはアパートの1階。ある日大家さんの許可を得て、大きくなりすぎて部屋が暗くなったのでもみの木を切ってもらったところ、2階に住む高齢のご夫婦から、楽しみがなくなった、とやんわりと言われました。

ある日の午後、２階の老夫婦にお茶を呼ばれて初めて彼らの楽しみの意味がはっきりとわかったのです。

２階のバルコニーまで伸びたもみの木に多くの野鳥が訪れ、それを見ながら午後のお茶を飲むのが老夫婦の毎日の楽しみになっていたらしいのです。

たった一本のもみの木の存在が、２階に住む老夫婦の心を癒し慰めていたとは。

野鳥の歌声と木々の間から流れるそよ風、自然が一体となって老いた隣人に元気を与え、日々の生活の憩いと安らぎの場所にもなっていたのです。

さっそく、部屋が暗いという理由でもみの木を切って階上の隣人から大切な自然を遠ざけてしまったわが非礼を詫び、せめてもの罪滅ぼしに2階からも眺められるようにと、マルクト（市場）で鉢植えの花を大量に買い求め、むき出しになった土に植えたのです。

自然を愛し大切にし、少しでも豊かな緑を身近な暮らしに取り込んで楽しむドイツ人の暮らし。

私は、自然は〝見る〟だけではなく、〝感じる〟ものだと知ったのです。

森が好き

学生時代はワンゲル部に属していました。

嫁入り前の若い娘が山登りなんて、と真っ黒に日焼けした娘の顔を嘆く母親の猛反対で2年たらずでしぶしぶ退部しましたが、もともと自然に親しむことは好きなのです。

やがて、ドイツで目覚めた森への恋心は冷めることなく、帰国してすぐ標高1000メートルの森の中に小さな山荘を持ったのです。


できるだけ時間を作ってはせっせと車を駆って山へ出かけます。

森の中を歩いていると、心が落ち着き、深い安堵と充足感で満たされるのを全身で感じるのです。

木々の間から聞こえる野鳥の声や風が木の葉を揺らす音。

山道を踏みしめながら感じる土の感触。

空に向かって元気に枝を広げる樹木から流れてくる透明感あふれる空気。

それらすべての中に身をゆだねると、自然の中で自分の感覚が研ぎ澄まされ、まるで体中の細胞が生まれ変わっていくような気持ちにもなります。

森に体をゆだね、持てるすべての五感で自然を感じると、自然の偉大さに日常の悩みや苦しみが些細なものに思え、重い心が少しずつ軽くなっていきます。

最近は、森の木々の香りのフィトンチッドやマイナスイオンには細胞を活性化させ、リラックスする効果があるといわれ、森林浴を積極的に取り入れると、がん細胞をやっつけるナチュラルキラー細胞が体内に増えるともいわれています。

コロナ禍の今、健康生活のために自然を暮らしに取り入れる大切さに関心が高まっているようです。

わざわざ森に出かけなくてもその気になれば、近くの神社や公園など、木々の緑が多い場所は見つかります。

私は、自宅近くの明治神宮や小さな公園を歩き、味気ない都会生活を補うべく少しでも樹木に触れる機会を作るようにしています。

鏡と私

ドイツから帰国してすぐ会社を退職し、女だてらに掃除会社を起業し、いつの間にか35年以上が経ってしまいました。

女一人で大変でしたね、と言われますが、たしかに、起業という仕事は初めての経験ばかりで、それこそ挑戦と創造の毎日でしたが、不思議とつらいと思ったことはありませんでした。

人は冒険に繰り出しているときは、見るもの聞くものが五感を通じて最高の歓びと幸せにつながるのです。

自分で決めたことには自分で責任を取る、と決めていたので、3年やってうまくいかなければ屋台でもやればいいと気楽に考え、自分なりの〝ビジネスルール〟を決めていました。

創業期はすべて自力本願。信じるのはほかでもない自分自身。

そのためには借金なしで3年間はなんとかやっていける自己資金を準備し、尽きれば潔くやめる。

できる限り努力はするが、自己破産するまではやらない。

何事も、世の中は、自分の力ではどうすることができないことがあります。ある程度のキリのいいところで身の程を知り、自分を見失わないことも大切です。

失敗も気にしない、人生はケセラセラ、なるようになる、のだから。

今は女性の経営者も珍しくありませんが、私が創業したころは、ベンチャー経営の先駆け、しかも女性で、聞いたことのないビジネスということで、取材が相次ぎ、あるとき「経営のモットーは何ですか」と聞かれ、「不完全な円（まる）」と、今思い出しても赤面するほど偉そうに！　答えたのを覚えています。

会社も自分も完全ではないので、いつも向上心を持って進んでいきたいということですが、本心は、だめならいつでも逃げ道を作っておきたいということでもあったのです。

自分に自信がないゆえに、何事も夢中になってもおぼれない、そう心がけています。

収納のルール同様、7割くらいの全力投球が私にとってはちょうどいいようです。

3割くらいの余裕と余力を残しておいたほうが、風通しもよく、何事も客観的に判断ができるので、〝イケイケどんどん〟の途中でもブレーキが利いて立ち止まれるし、もしうまくいかなかった場合、引き際のタイミングも計れます。

そのためにもいつも客観的な自分を持つことも大切なのです。

鏡を見る理由

ときに怒りや失望でカッと頭にきて我を忘れそうになったとき、必ず鏡を見ます。

そこにいるのは暗い形相の自分、こんな自分には誰も近づきたくないでしょう。

心を落ち着かせ、自分を他人の目で見たいときに、鏡は役に立ちます。

また、何かに迷ったとき、鏡に映る自分を他人目線で見ると、冷静に対処できる名案が浮かぶことがあります。

鏡は、そのときの自分を冷静に客観的に正直に映し出してくれます。

しかも文句や余計なことはいっさい言わず、いつも無言で。

散歩するときも、ポケットに小さな手鏡を忍ばせています。木々の間を歩きながら、自分の表情を眺め、暗い表情ならちょっと口元を持ち上げ笑ってみると、気持ちがなんとなく明るくなり元気が出るのです。そして、自然の中では誰もが美男美女に見えるものだと気がつき、少し自分の顔に心が和みます。

鏡の中の自分を見つめながら考えます。

ドイツにはシュピーゲル（鏡）という名の有名な週刊誌がありますが、鏡は自分を映し、社会を映す大切な道具なのだと。

新聞や雑誌などのマスコミの使命、それは社会をありのまま映し国民に伝える、実直なドイツ人らしいネーミングだと思います。

「鏡の多いお宅ですね」

わが家を訪れる客人によく言われますが、自分を映し、常に行動や居住まいを正すため、玄関、洗面所、キッチン、居間。そして、寝室はクローゼットのドア全体が壁を兼ねた鏡になっているのです。

この鏡を適度に配置するインテリアは、ドイツで学んだわが家の風景。

玄関の鏡は、出かけるとき、帰宅したとき、それに来客用に、髪や服装を整えるためには便利で、その日の顔色や疲労度もチェックできます。

鏡の存在は大きい。

人だけではなく部屋のキレイ度までチェックできます。

鏡をかける場所を考え、映るものをあらかじめチェックし整理整頓しておきます。

また、洗面所の鏡を見ながら、映し出された洗面台の裏側の汚れをごしごし磨きます。

気がつきにくい汚れや見えないところまできれいにできる、ぜひまねしたいプロの極秘技なのです。

毎日の食事のこと

朝は、野菜と果物、たんぱく質をしっかりとります。そのためには、夕食は野菜を中心に魚介類を取り入れ、炭水化物はごく少量、軽めに済ませます。

朝起きたときに、お腹がグーグーいうのがわが一日の始まり、健康のバロメーター。

朝食は手間がかからず、でも栄養がしっかりとれるように、メニューはキャベツと玉ねぎのコールスロー風、リンゴやキウイ、バナナなどの果物を少量ずつ。

ブロッコリー、豆、干しエビ入りの卵料理。きゅうりのぬか漬け。

厚切りの自家製レーズンブレッド一切れ。コーヒー、日本茶。

お気に入りのパークハイアットのレーズンブレッドをまねて、レーズンをたっぷり入れた自家製レーズンパンを気が向いたときに3日分作り置きしておけば、手間がかからずに済みます。

昼は、野菜中心の肉系のメニュー。

食べたいものがあるときは、昼は何でも好きなだけ食べることにしていますが、いつも腹は八分目、食べ過ぎないことをモットーにしています。

食べ過ぎないためのコツは、食事の前にコップ一杯のお水を飲むこと。

甘いものは食後のデザートに、食べたあとはすぐ体を動かします。

小腹がすいたと思ったらまず水を飲む。そして、ナッツ類をつまみます。

20代で一度膀胱炎《ぼうこうえん》を患ってから、年を重ねるにつれ腎臓の働きが弱くなったらしく、ゴルフなど寒いときの戸外での長時間スポーツのあとに、時々トイレの回数が増えることがあります。

主治医のN先生に、「水をよく飲んで」と言われたので意識して水分をとるようにしていますが、食前と起床後、就寝前のコップ一杯の水は必ず飲みます。水分不足は、新陳代謝がうまくいかず、成人病のほとんどの原因の一つにもなっているというのです。

私の場合、人の前でお話をするときも、コップ一杯の水を飲むと頭がはっきりし落ち着くようです。

最近は、自宅では水道水を沸かし、少し冷ました白湯《さゆ》を好んで飲んでいます。ドイツから持ち帰った古いポットに入れておけば、ちょうど飲みごろの温度になるので重宝しています。

30年以上も経ったこの小さなポットは、外側は細く切った竹の枝を編み込んだものでぬいぐるみのように包まれ、保温性に富んでいます。ドイツの家庭ではよくお茶の時間に登場していたのを気に入って手に入れ、日本に持ち帰り、いまだに現役で活躍しているのです。

私は、値段にかかわらず気に入ったものはできるだけ修理し、最後まで丁寧に使い続けたいので、この安物のポットも外側の竹の編み込みがはがれかかっているのを何度も接着剤でくっつけて使っています。

先日、ドイツから届いた生活情報雑誌を見ていると、なんと同じものがキッチンに登場しているではないの！　ものを大切にするドイツならではの実用的な生活雑貨、しかも改めて写真で見るとかわいい。

その日は一日中嬉しさと懐かしさで、はじけるような幸せが体中に広がりました。

睡眠の話

睡眠によって脳が充電され、元気よく思考したり行動したりできるといわれます。年を重ねるにつれ、若いころのようにぐっすりという感じではなくなった気がしますが、自分なりに6時間から7時間の睡眠が心身共にちょうどいいようです。

睡眠による疲労回復は、睡眠の長さより、その質によるといわれますから。

〝何時間の睡眠をとらなければいけない〟とか〝熟睡に効くサプリ〟など、商魂たくましい多くの情報に惑《まど》わされないようにしています。

この年になれば自分の体は自分が一番よく知っています。

自分なりの睡眠のとり方で満足することがベストな感じがします。

人にとって眠りにくい時間帯は、午前10時から11時、午後8時から9時らしいので就寝時間はその時間帯を避けます。

その日の睡眠が十分でなくても、就寝と起床の時間は決めることがいいらしい。

ただ、あれこれ考えて眠れないときは、無理に寝ようとせず、自然に任せ、できれば、ホットミルクを飲んだり、穏やかな音楽を聴いたり、神経を休めるような工夫もしてみます。

どんなことを尽くしても効果がなく睡眠不足が続く場合も気にしません。必ず数日後には睡魔に襲われ8時間以上爆睡でき、睡眠不足は見事に解消すると信じることにしています。

昼寝は、人間の体のリズムにも合っているそうで、心筋梗塞になる確率が低くなるという大学のデータもあるといいます。また、ドイツやアメリカのベンチャー企業には昼寝の部屋があり、短時間の上手な昼寝の後、仕事の効率が上がり、業績がアップしたそうです。

コロナ禍の今、テレワークが増え長くなった在宅時間に、上手な昼寝を取り入れて仕事や家事のメリハリをつけ、生活力や仕事力の効率を上げるのもいいかもしれません。

私の場合、子どものころから短い昼寝が苦手、かえって疲れが増し、体がだるくなってしまいます。でも、年を重ねて時間ができた今、意欲や元気を出すために、たまに上手な昼寝もいいかも、と思いなおしています。

いつでも上手な昼寝ができるという習慣は、脳を安心させ、気持ちが穏やかになる〝天然サプリメント〟かもしれません。

ただし、5分から20分程度の短時間の昼寝が理想、できれば昼食後2時から4時ごろ、テレビを見ているとき、机に向かっているとき、読書しているときなどいつでもどこでも眠れるようになれれば言うことはなさそう。

とくに6時間以下の寝不足が続いたとき、明日昼寝で補おうと思うとなぜか気がスーッとラクになります。

思っていることを書き出す

何歳になっても、理不尽なことを言われて傷ついたり、心ない言葉を投げかけられたりして無性に腹が立つことがあります。

無人島にでも暮らさない限り、他人と関わる以上、多少の人間関係のトラブルはつきものです。

嫌なことがあればすぐ忘れるように心がけますが、心や体が不調のとき、そう簡単にはいかないことも多いものです。

年齢に関係なく長引く怒りや落ち込みは心身を消耗させ、まして行動半径の狭い高齢者には老人性うつ病の原因にもなるといわれます。

悩んだり、怒ってばかりしていると、ただでさえ皮膚に衰えが目立つのに、さらに顔面にくっきりと深いしわが刻まれ、しわだらけの意地悪顔が地顔になってしまうことになりかねません。

いつもイライラ、カッカしながら暮らしていると、性格も暗くなり、やがて心と体のバランスが崩れ、自分だけが不幸で世の中全体が自分の敵のように思えてきます。

こんなとき、両手を空に向かって大きく背伸びをしながら思いきり深呼吸をしてみる。これでも気持ちがリセットできず、心のイライラやモヤモヤが緩まない場合、紙に〝イラ、モヤ感情〟を書き出してみます。

実際に文字にした〝嫌な気持ち〟を目で確かめてみると、こんなことにこだわっていたなんて、と心がスーッと軽くなっていくものです。

忘れないためにメモする

年を重ねることは、少しずつ忘却の旅に出ることなのです。物忘れは当たり前とあきらめる前に、忘れたことを思い出しやすいようにメモをするといいです。

私はこの十年、小さな生活日記をつけています。

といっても、朝昼晩何を食べてどこへ行って何を買ったかなど、あとで思い出しやすいよう簡単にメモするだけ。

重要なのは、日付と曜日、天気、食べたものは必ず書き入れること。

物忘れは当たり前の年代になれば、思い出したいのに思い出せないのはストレスがたまるので、そのためのちょっとした〝自己リスクマネージメント〟です。

日記を見ると、同じものを食べたり栄養が偏ったりすることが防げ、バランスの良い食生活の参考になります。出した郵便物や誰と何を約束したかも簡単にメモっておくと手帳代わりの予定表にもなり、自分の過去の行動の確認表にもなります。

誰と会ったかとか、どこへ何を出したか、なかなか思い出せずイライラすることもなくなります。掌に乗るような小さな大学ノートなので、バッグに入れてもかさばらず、持ち運びは超簡単。

だいたい三か月に1冊のペースで書くので無理なく収納にもちょうどいい。

一日の終わり、一人静かに小さな大学ノートに向かい、その日のつたない記憶を呼び戻しながらペンを走らせます。

最近は、自分と向き合う大切な時間のような気がしています。

考え方を少し変える

年を重ねると、これまで以上に些細なことでクヨクヨしてしまうことが多くなるような気がします。

こんなとき、少し考え方を変えると、小さなことで悩まなくなります。

対人関係で嫌なこと、怒りを覚えることがあれば、まず考えてみます。

世の中や物事は、自分の力で変えられるもの、変えられないものがあるということ。

変えられるものは、自分の行動と考え方。

考え方ひとつで世界が真逆に見えすべてがうまくいきます。

変えられないものは、他人の考えと自分の過去。

過去の自分を悔やみメソメソしても今後の生き方の参考にはなりますが、元には戻れないことを知るべきです。

まして他人の考え方や行動をあれこれ指図し、変えることはできません。

だから、自分ではどうしようもできず、変えられないものをどうにかしたい、と考えるだけ無駄なエネルギーが費やされストレスがたまるのです。

これからの余生は、自分の力でなんとかなりそうなものに集中することが幸せへの道なのだと言い聞かせましょう。

人生で出会う人には、〝努力をすればなんとか通じ合う人〟と〝まったく通じない宇宙人〟とに分かれるのを知ることも大切です。

すべての人に理解してもらい、わかり合えることはまずないのです。

私は、10人いればその中に2人は私を嫌う〝宇宙人〟がいると思っています。

他の8人は私に関心がなく、努力すればそのうちの2人くらいはまあまあ理解を示してわかり合おうとしてくれるかもしれません。

育った環境、性格、現在の懐具合（経済状態）、相性などが違えば、わかり合えるほうが不思議なくらいです。

子育て中の仲良しのママ友が、子どもの成長につれそれぞれの環境が違ってくれば、いつまでもわかり合い仲良くできないこともあるのです。


それに。

老いて知ること。それは、誰とでも仲良くわかり合える必要はまったくないということです。

年を重ねて交友関係が広いと人間関係が煩《わずら》わしくなり、心や家計の負担になることがあります。無理して付き合えば自分が疲れるだけ。

むしろ、少数精鋭で気が向けば付き合える気楽な〝ギブ&テイク〟な関係が心も体も懐もラク。

人間関係の棚卸《たなおろ》しで、人生の後半がスッキリとすることもあるのです。

パートナーとの関係も、アメリカの心理学者グレイ博士の「男は火星から、女は金星からやってきた」の言葉を思い出すと気がラクになります。

少しもわかってくれないと、イライラしたり、細かいことにムキになるのが馬鹿らしく思え、パートナーとの関係が深刻になるのを少しは防ぐことができるかもしれません。

相手に対して怒り心頭に発するときはいつもグレイ博士の「火星人、金星人」を思い出し、もともと生まれ育ちが異星人だから違って当たり前と、自分を慰めて心を軽くします。

最近は、異星人だからこそ、わかり合える行動や言語を見つける努力も少しは必要かもしれないと思います。

無口な人は、「風呂、メシ」だけではとてもじゃないけれど、異星人には温かく伝わらないということも覚えておきたいものです。


他人との人間関係も同じ。

世の中の理不尽なことや失礼な言葉を投げる人には、この人は宇宙人なのだから！

そんな風に考えを変えると、少しは相手に寛容になれるような気がし、むやみに怒りやイライラ、孤立感を感じなくてすみます。

このように、年を重ねるにつれすべては、単純に考える癖をつけることも大切だと思っています。

高齢者だからこそできる生き方防衛術、リスクマネージメントなのです。

こまめな着替えで心と体のトレーニング

コロナ禍で車や電車に乗って人に会う機会が減り、近所への小さな買い出しにもマスクで顔を隠すのでお化粧にも気を使わなくて済むようになり、私のような〝大雑把でズボラ〟人間には、超便利な世の中になりました。

でも、家にいる機会が増え、誰にも気兼ねなく、自然体で生活していると、よほど意識して暮らさないと、まるで無人島にでもいるような気分になり、おしゃれに気を使ったり、まして着替えをしたりするのがめんどうになってきます。

自宅に居ながらのZoomでの会議では、上着だけは選び、ボトムはラフなお家パンツということも多々あります。

あるとき、テレビ会議の画面上のマスクを外した自分の素顔を見てびっくり。薄暗い背景に浮かぶ幽霊のようではないか、せめて頬紅と口紅くらいつけるマナーは、相手にはもちろん、自分のためにも必要だと実感したのです。

ある日、立ったままいつものようにパンティストッキングをはこうと片足を上げたとたん、バランスを崩して、転びそうになりました。

今までは、着替えをするときはどこにもつかまらず、片足をラクラク上げても平衡感覚を保つことができる自信があったのに。

考えてみれば、毎日洗濯こそすれ同じようなラフなロングセーターを頭からかぶって過ごしていたので、いろいろなパターンの服装でわざわざ片足を交互に上げる必要もなく、すっかり体の動きがワンパターンで怠惰になってしまっていたのです。

これはいけない！

たしかに、毎日のこまめな着替えは、若いころよりも、体の動きが鈍くなる高齢者にとっては体全体を緩やかに使うリハビリになっているかもしれません。

ちょっとの散歩でも服装に工夫し、帰宅したら着替えます。

こまめな着替えは、めんどうと思わず、全身を使うリハビリだと考えてみること。前述したドイツの老婦人を思い出しながら、あらためて自分に言い聞かせたのです。

着替え時間の長短を気にするより、今日の体調はどうか、体の状態のチェックを兼ね、無理をせず、ゆっくりとリハビリをするつもりで着替えをします。

もちろん、いつでも寄りかかったり、つかまったりする壁や手すりを確認して。

着替えは、リハビリ以外にもいいことがあります。

外出の機会が減っても、わざわざ服を着替えるということは、おしゃれをしたりクローゼットの整理整頓にも役立ちます。

今もこれからも必要ないとわかっていながら、どうしても処分できない服がクローゼットの奥に眠っていないかどうか、時間のできた今、チェックするのもいいものです。

高価だった、好きな色合いだから、思い出の場所で買ったものだから、好意を寄せた誰かからのプレゼントだから、等々の理由で心が手放せない衣類を、心が納得しあきらめるためにはいい方法があります。

捨てられない衣類を片っ端から取り出し、着せ替え人形になってみるのです。

家でなら失敗や恥は許されると、時間を決め、自作自演のファッションショー。

1時間くらいのショーが終わるころ、あきらめ手放す決心がつく服が、必ず数枚は出てきます。

また、日に何度も着替えていると、処分したいもの、手入れが必要なものに気がつきます。

シミやカビで汚れたものはつまみ洗いをしたり、クリーニングに出したり、ボタンが取れかかっているときは、その場ですぐ付け直します。

修理のできるほころびは、針仕事で繕いますが、できないときは残念ながら処分します。

こういう手入れがマメにできることは、まだまだ元気で自活できると再確認する心のリハビリにもつながっていきます。

ドイツで暮らしていたころ、隣人の60代のご婦人は毎日3回、朝昼晩と服を取り替えていました。

服装によっては、ネックレスやブローチ、スカーフをいろいろと工夫します。たとえ家の中でも、毎日同じものは着ないのです。

たまに午後のお茶に呼ばれると、センスのいい毛糸のセーターの胸元に真珠のネックレスやブローチが輝いていました。

組み合わせを少し変えたりすることでおしゃれを楽しみ、自分の持っているものはとことん活用し最後まで丁寧に使い尽くすのです。

今思えば、着替えのチャンスを作るために夫婦でそろって食事に出かけたり、散歩に出かけたりしていたのではないでしょうか。

もちろん、おしゃれをして外で美味しいものを食べるのも、自分を楽しませる気分転換かもしれません。

私は、長袖の上に半袖のシャツを重ねたり、ミニスカートの下に細めのスパッツやパンツをはいたり、季節にとらわれず、もちろん、服の整理整頓を兼ねながら古着の新しい組み合わせを楽しみます。

寒い冬、素材の違う衣類の重ね着は、暖を取るのに重宝することも覚えておきたい暮らしの知恵。

暑い夏は、室内の冷房対策に、捨てる予定の古いレースの薄いロングカーデガンを羽織れば、少しは若々しく〝よそいき映え〟で悪くありません。

古いものを新しく着る。

ものを大切にしている生活にも通じるのです。

考えただけで心がワクワク踊りそうではありませんか。

男女とも着替えることが楽しくなるような工夫やおしゃれ心はいつも忘れない、これこそ、年を取ってからの最高の〝全身リハビリ〟ではないでしょうか。

それに〝たんすの肥やし〟になっている不要な衣類の整理整頓のおまけまでついてくれば、何も言うことがありません。

家の中にあると便利なもの

最近は老人に限らず若い人も、テレワークや外出自粛で在宅時間が増えました。

家の中をあらためて眺めてみると、今までは気づかなかったこと、たとえば必要で重宝するものや不要で害のあるものなど、いろいろと出てくるのは老若男女、年齢制限はなさそうです。

私は、高齢者宅にあれば便利なもの、邪魔で危険なものなどをこれまでの著書の中であれこれ書いてきましたが、パンデミックの今、年代に限らず、暮らしやすい家にするための共通条件は〝必要なもの、好きなものに囲まれること〟だと思っています。

快適で暮らしやすい家にするためには、清潔感はもちろん大切ですが、ものが使いたいときに必要な場所に整理整頓されていることが大切なのです。

わが家では、部屋のあちこちにあれば便利で快適なものを私なりに整理して置いています。

◇ボディローションや乳液はあちこちに置く

ボディローションや乳液は、洗面所や風呂場だけではなく、寝室のベッドサイドにも置くと、必要なときにすぐ手に取れて便利です。

空気が乾燥する冬場など、暖房で部屋を暖かくすると手足が乾燥して若いときのような潤いがなくなり、いわゆる老人性乾燥肌になって、体や手足がかゆくなることが多いものです。

使いたいときにそばにあればマメにつけて肌に潤いを与えることができて、手足の肌荒れを防ぎかゆみ止めにもなります。

最近は、パソコンの横にもミニサイズのローションを置き、いつでも使えるようにしています。

ときどきパソコン作業の手を休め、手元の乳液を手に塗っていると、ちょっとした気分転換にもなって枯渇した脳細胞にも肌同様潤いが生まれるような気がします。

◇文具三点セット

ボールペン、メモ用紙そしてホッチキスは、電話の前だけでは時代遅れ。最近はほとんどスマホや携帯で話すことが多くなり、置く場所が広がっています。

わが家の場合、まず玄関の引き出しの中、寝室のベッドサイド、キッチンの隅、リビングルームの引き出しや棚など。

目立たず美観を損なわないように気を配りながら、外から入ってきた情報を忘れないためや数字や日時、要件など、正確に家人に伝えるために置いています。

もちろん、自分の記憶の脳細胞のためにも。

ホッチキスはメモが重なったときに紙をまとめて整理するのに使います。

束ねた一枚目に日付を書いておくと、一週間で立派なメモ帳になり、あとで「あれは何だっけ」などと、想い返したり、行動予定の参考になります。

ラジオを置く

用事をしながら耳から情報が入るので、ラジオは重宝します。テレビより話題も興味深く、とくにＮＨＫのベテランアナウンサーがアンカーを務める番組は、さすが訓練を受けたプロ、話し方もうまい。

十年前、ラジオ深夜便の番組を担当させてもらったことがあります。ちょうど夜中の12時半ごろに始まる10分程度の短い番組内のコーナーでしたが、生番組でこんな時間に私のようなものが話すことを聞いてくださる人がいるのかと恐る恐るのスタートでしたが、数か月も経たないうちに多くの方々からの反響をいただき、夜中にこんなに多くの方々がラジオに耳を傾けておられるのを知り、驚くと同時に自分の無知を思い知らされました。

深夜11時５分過ぎから朝方の５時まで、大ベテランのアナウンサーの方々が順番に担当する〝ラジオ深夜便〟。

60代の友人も深夜便の大ファン。落ち着いたアンカーの話やゲストとの会話を聞きながらいつしか眠りに落ち、夜中に目が覚めても深夜便のおかげで眠れないとイラつくこともないといいます。

耳にやさしい語り口で、夜眠れない多くの高齢者の睡眠薬代わりになっているようですね。

私は、寝室のベッドサイドのテーブルに、キッチンの片隅に、書き物用のテーブルの上にそれぞれ小型の時計付きの電池式のラジオを置いています。

キッチンのラジオは、朝晩のニュースを聴きながら台所仕事をしたり、朝は、6時半のラジオ体操をするのに重宝します。

枕元のラジオは、自然災害の多い昨今、ちょっとした地震の揺れでもすぐ手が届くので情報をいち早くキャッチできますし、電池式なので停電時でも慌てなくてすみます。

わが家の場合、すべて電池式なので、いつも余分の電池を準備し、音が小さくなり始めたら早めに取り換えるようにしています。

さらに、まさかのときに慌てることがないよう、電池はすぐ交換できるようにラジオのそばに置くと安心です。

そのほか、お風呂場に置いたり、ベランダに置いたり、いろいろと工夫してラジオを楽しむのもいいかもしれません。

このような日常の些細なことの中に意外な楽しみが再発見されるものです。

ろうそくの話

昨年のクリスマスに知人から電池式のろうそくが送られてきました。

本物そっくりですが、毎日同じ時間が来ると自然にライトがつき数時間で消える便利なもので、定期的な電池の交換は必要ですが、留守宅でも安全で安心、防犯の役目も果たしてくれる優れものです。

もともとわが家には、本物のろうそくがあちこちに置かれています。

心が疲れたとき、部屋の照明を暗くし、好きな音楽と少しのワイン、そしてゆらゆらと揺れるろうそくの炎があれば自然に心が満たされてきます。

さらに、テーブルの上のたった一本のろうそくでも、何でもない食卓が一流レストランに負けないくらいのおしゃれな雰囲気にもなります。

わが家には外国で見つけた古いろうそく立てが部屋のあちこちに置いてあります。

イギリスの片田舎の骨董屋《こっとうや》さんで見つけた銀の燭台《しょくだい》、極寒の北ドイツのクリスマスマルクトで手に入れた銅製のもの、プレゼント好きのドイツ人の友人たちから送られたガラス製のもの、旅行で気に入って持ち帰ったものなど。

それぞれに異国での懐かしい思い出が詰まっています。

玄関の小さな机の上には、銅製の天使をかたどった置物風、居間のテーブルの上には透明感のある明るいガラス製、そして食卓のテーブルには本格的な銀の燭台。

それぞれの用途によって置く場所を選んでいます。

ろうそくの色も、夏は涼感を呼ぶように白やブルー、冬には赤やグリーンとそれぞれに季節感を感じる工夫をしています。

ろうそくは、まさかの停電のときにも、マッチ一本があれば便利な防災グッズにもなります。

ドイツではゲストを招いたり、家族で食卓を囲んだり、一人でワインを傾けるときもろうそくの明かりは欠かせません。

ドイツ人の好きな〝ゲミュートリッヒカイト〟（居心地のいい状態）を演出するためには、暖炉の炎、ランプの明かりなどとともに、ろうそくのほのかな光は〝心を癒すための舞台〟を演出する大切な小道具なのです。

ランプの明かり効果

コロナ禍で〝ステイホーム〟と急に言われ、あらためてわが部屋を見回し戸惑っている人も多いのではないでしょうか。

ものを整理し、清潔に磨き上げた空間だけではなんとなく味気なく、居心地がいい部屋とは言いがたいかもしれません。

愛すべき居心地のいい部屋を演出するのには、それなりの工夫が必要なのです。

たとえば、ものの置き場所や照明の当て方ひとつで、そこに暮らす人の心が癒されることがあります。


音楽のように、絵のように、物語のように暮らしたい。

得体の知れない新型コロナウイルス、先の見えない不安な時代だからこそ、心が和むような暮らしを演出し、少しでも心豊かに過ごすことに知恵を絞ってみたいと思います。


わが家は、〝実用と和み〟のインテリア効果を考え、それぞれ明かりを工夫しています。

クローゼットや物置を兼ねたランドリールームには、よく見えるようにと部屋を隅々まで明るく照らす大きな蛍光灯を天井に取り付けています。

キッチンには手元を照らす蛍光灯と天井に取り付けた電球が、キッチン作業の内容に応じて居心地のいい強弱をつけた光で照らしてくれます。

ゆったりとくつろぎたい居間には、各コーナーの机の上にオレンジ色のランプの明かり、玄関や寝室などは、数種類のランプを必要な場所に置いています。

ドイツ暮らしで学んだランプ照明の知恵。

窓辺のランプの明かりは、外から室内を見えにくくしますし、部屋の隅やテーブルの上のランプの明かりは、本を読んだり、ワイングラスを傾けながら談笑したり物思いにふけったりするには最高の部屋の雰囲気を作ってくれます。

部屋に数個のランプがあるだけで明かりの濃淡ができ、部屋を立体的に広く見せてくれる効果もあるのです。

しかも、必要のないランプは消せるので、節電・省エネのつましい暮らし気分で心が少し満たされます。

床にものを置かない習慣

ドイツでは床にものがあふれている家にはお金がたまらないといわれています。

つまり、ものがあふれていると掃除が行き届かず、不潔で病気になったり、床に転がっているものにつまずいてけがをしたりして、治療代が必要になり、余分な出費が重なります。

余分なお金がかかるうえにけがをすると、あれもこれもと考えていたせっかくの人生の楽しみも台無しになります。

ただでさえ、年を取ると筋力や視力の衰えを感じ、ちょっとしたことで転んだりつまずいたりして大けがをする危険性が高くなります。

高齢者に限らず、生活空間、とくに床の安全性を高めることは大切なことです。

安全に住める家があると安心して暮らせるし、生活は何倍も楽しくなりそうです。

私はかつてキッチンのマットで滑りそうになり、同じ危険を防ぐため、部屋中のマットや敷物の裏側にはすべて滑り止めテープを貼りました。とくに濡れて滑りやすくなる場所のマットなどを新規に購入するときは裏側までチェックし、滑り止め加工のものを選びます。

年を取ると、気持ちは若くても、筋肉は弱くなりそのうえ視力や聴力も衰えてくるので、気がつかないうちに動作が緩慢になり、転倒したり転んだりする機会が増えるのです。


床には足を引っかけそうな電気コードや邪魔なものを置かないこと。

椅子は立ち上がりやすいものに。

滑りやすいところや階段には手すりをつけること。

とくに風呂場では〝転ばぬ先の杖〟ならぬ転倒防止の手すりを壁に取り付け、バスタブを出たり入ったりするときは毎回必ず同じ動作で行うように体を慣らしておく。

俳優やダンサーが同じセリフやステップを繰り返し練習し、どんなときも同じ動作や言葉がすらすらと正確に出てくるように体に覚えさせておけば、体力の衰えによる日常生活の危険度も少なくなります。

警戒心を持つ

体力がなさそう、と犯罪者に狙われやすい高齢者は、気を許すと、路上ではひったくりに遭いやすいので注意が必要です。

私は普段から、人通りの少ない暗い道は避け、緊急時以外、夜7時以降は近場でも外出しないと決めています。

近くへ買い物に出かけるときは、荷物はできるだけ少なく、財布には現金を少々、貴重品は持ち歩かないようにします。

もし、バッグをひったくられた場合、外国暮らしの知恵で、どうぞお持ちくださいとあきらめ手を放します。

無理にバッグを放すまいと頑張ると、けがをしたり、下手するとバッグどころか命まで奪われかねません。

外では、相手は自分より体力のある年若い男性（女性）だという警戒心を頭に叩き込んでおくことです。

か弱い老人の懐を虎視眈々《こしたんたん》と狙う悪人は、オレオレ詐欺の電話だけではなく、町中に溢れていると頭に叩《たた》き込んで用心するに越したことはありません。

一見、キリッとスマートに見える老人は、誰が見てもスキがなく、若者の悪知恵はなかなか通じないと敬遠されるものです。

規則正しい毎日の生活

定年退職をしたとたん、一日の生活リズムが崩れてしまうことがあります。

約束も会議の予定もなく、手帳には書き込みがなく、焦燥感に襲われるといいます。

〝仕事が趣味〟と思いこんだ人生を送ってきた人こそ注意が必要です。

週末も平日もなく、毎日パジャマ姿で過ごしてもいいという気持ちになってしまいがちです。

誰からも文句を言われない一人暮らしの場合、気ままな半面、自分で毎日の規則正しい生活を意識しないとだらしない生活に〝まっしぐら〟です。

一人暮らしの特権は、素っ裸でも部屋中を歩ける自由度は高いけれど、自由の中にも規則正しい自分なりの暮らしのルールは必要であることを覚えておきましょう。

規則正しい生活は、最高の健康法です。

日課をきちんと決めておけば、いつ何をすればいいか、体や頭が自然に動き、何もすることがないなどと不安やイライラを感じずに済みます。

仕事以外の若いころからの日課をきちんと守り続けているなら、それを継続し、そうでないなら新しい日課を毎日の生活の中に組み込んでいくのもいいでしょう。


散歩の回数を増やす、起きたら必ず窓を開けて空気を入れ替え、ベッドメイキングをしてから寝室を出る、洗面所を使ったら必ず飛び散った水滴を拭いておく。

このような自分なりの決め事があれば、同じことの繰り返しの暮らしの中に、規則正しい生活があるようで心が落ち着くものです。

朝7時と昼12時、夜7時のニュースを必ず見る人は、その前後に家事や運動、食事や読書の時間を割り当ててみるのもいいかもしれません。

一日の時間の中で、散歩をしたり、日記を書いたり、買い物、家事、食事そしてメールチェック、新聞を読む、花の水やりなど、自分なりの生活時間をあらためて振り返ってみるのもおすすめです。

仕事以外でも健康で規則正しく生きるためには、いろいろとやることが多いことにあらためて気づかされることでしょう。

それらを自分の一日のスケジュールに組みなおし、どんなことがあっても決まった時間になると〝世話をする〟何かを見つけましょう。

たとえば植木鉢の花に水をやる、庭を掃く、枕カバーやシーツを定期的に洗う、コーヒーを豆から挽いて淹れる……。

家事の中で簡単にできそうなものを選び、これらを毎日の生活習慣にしてしまうのです。外での仕事ばかりが人生の喜びではないのです。何でもない日々の暮らしの中に人生の大切な〝仕事〟が多く潜んでいることが思わぬ発見となり、小さな達成感と充実感が生まれるかもしれません。

食事と運動

バランスの取れた食事と適度な運動は健康のもとであり、それが人生の楽しみにつながります。

まず毎日自分が何を食べてどんな行動をしているかを記録することは、自分の健康生活の現実を知るうえでとても参考になります。

前述したように、私はこの十年、朝昼晩に何を食べたか、何をしたかの記録をつけています。

いわゆる、〝食事行動日記〟みたいなものです。

毎日どんな食事をしてどんな行動をしているかがよくわかり、少し野菜が不足しているとか、もう少し体を動かしたほうがいいなど、おのずとわかるようになります。

目にする多くの健康情報も参考にはなりますが、いざまねして始めても継続は難しいものです。

健康によさそうだから、と始めてもたいていは身につかず三日坊主や計画倒れに終わってしまうことが多いもの。

他人が立てた掃除計画みたいなもので、毎日の掃除をスケジュール通り実践することはなかなか難しいものです。

現実離れしている計画はなかなか続かないのです。

自分が見つけた散歩コースなら楽しみながら歩けますし、栄養の偏った食生活の現実を知るとなるべく直そうと努力をするかもしれません。

さらに、毎日の新鮮な食材を自分で選ぶために外へ買い物に出かけると、無理のない運動とバランスの取れた食生活が同時に手に入ることにつながります。

〝しなければ〟ではなく、〝したい、しよう〟と自然に思えるような状況をわざと作る工夫も大切なのです。

つましい暮らしを楽しむ

誰も今まで聞いたことのない掃除のビジネスを始め、定着させるためには多くのエネルギーとアイデア、そしてお金も必要でした。

勤め人として貯めたお金を全部つぎ込んで事業を始めたのですが、あっという間に資金が底を突いてしまいました。

お金は貯めるのは大変ですが、使うのは簡単だと思い知らされたのです。

今なら、ベンチャーのための創業資金貸付制度やファンドがありますが、三十数年前には、得体のしれないビジネスには銀行も行政も誰も見向きもしてくれず、頼れる家族も親戚もいませんでした。

それまで会社勤めでお金の苦労などしたことがなかったため、毎月のお金のやりくりは人生最大の試練だったような気がします。

ただ、新しいビジネスに燃えていたので、つらいとかしんどいというよりも、どうすればお金を捻出《ねんしゅつ》できるか、無い知恵を最大限に絞る大冒険を楽しんでいました。

とにかく日銭を稼ぐこと、自分の給料よりもスタッフの給料を最優先にすることに全エネルギーを集中させたのです。

食うや食わずで夢中で働いているうちに、なんとか生き延びることができたのも幸いでした。

身の回りのものを買うお金がなかったので、それまでのものを使い回しをするうちに、多くの暮らしの知恵の発見があり、それが本を書くきっかけになり、会社の運転資金の足しにもなったのです。

お金がないからと嘆かず、卑下せず、どこまで節約できるかを楽しむ。

参考になったのは、ドイツ人の〝節約は収入と同じくらい大切〟という生活信条です。

昔の日本人の簡素な暮らしにも通じる様々な知恵や工夫。

それらを生活に取り入れて豊かな暮らしを演出するドイツ人の暮らし。

そんな知恵を思い出しながら、貧乏生活を楽しんでいたのです。

豊かな節約生活の知恵や工夫は、今でも考えるだけで心が躍り楽しくなります。

スーパーへ食料品を買いに出かけるときは、空腹はNG。

必ずクッキーかキャンディーを口に含んでから出かけましょう。

空腹だとつい、あれもこれも余計なものを買って無駄な出費をしてしまうからです。


欲しいと思ってもすぐ買わない。

どこに置くか、どう使うか、すでに似たものがあるかどうか、よく考えてから買います。

どうしても欲しい贅沢品は、そのためにお金を貯めてから。

贅沢品を買うための500円玉貯金、お賽銭《さいせん》用の1円玉貯金、それぞれ目的別に貯金するのもおすすめです。はっきりした目標は、やる気を起こし、気持ちが継続します。

さらに、時間が経てば、ほとんどの贅沢品やなくても不自由しないものは、あれほど欲しい、買いたいと思っていたことが嘘みたいに消えてしまいます。


日々の暮らしの中でつましい生活のリズムが身につくと、老後のお金の不安も自然に解消されるかもしれません。

第4章　老いと上手に向き合う

心を安定させる小さな引き出し

喜びも悲しみも

いつの日かどんな人も100％死ぬ。

だからと言って年を重ねるにしたがい喜びも悲しみもなくなるわけでもなく、むしろどんな感情とも正面から向き合い、最後まで上手に付き合っていくことこそ大切なのです。

何歳になっても自分の心に湧き起こる暗くつらい感情。

無理に消そうとするからしんどくつらいのです。

それらにどう向き合い、どう付き合うか、そこに小さな希望や生きる糧《かて》が生まれてくるのかもしれません。

人生の喜びや楽しみというのは日ごろの生活をどう過ごすかによって生まれ、当然そこには苦しみや悲しみ、寂しさも生じます。

私は、できるだけ自分の力で前向きに活動することこそ人生には大切だと思っています。

老いも若きもそれなりに、山あり谷あり、その時々に心が直面する困難なことに一つずつぶつかり解決していけばいいのです。

そのための知恵は、年を重ねるごとに、過去の失敗や成功の経験を駆使しながら自分なりに無理なく身につけていきたいものです。

心の鍛え方

悩み事があると、必ず何か行動することに決めています。

心がもやもやするときは、気分転換にデパ地下や人気《ひとけ》がなく木々に囲まれた明治神宮へ散歩に出かけたりします。

心が歓びそうな健全なものを選んで、体をその方向へ動かすのです。

たまに人ごみの中で心が癒されることもありますが、静かな自然に囲まれたほうが悩みが薄れることが多いのです。

出かける気がしないときは、お菓子を作ったり、パソコンに向かい雑文を書いてみたり、簡単なヨガのポーズをとってみます。

もちろん、部屋中に掃除機をかけたり、床を拭いたりするのが最高の気分転換になることも。

『徒然草《つれづれぐさ》』の中で吉田兼好《よしだけんこう》も言っているように、〝筆をとれば物書かれ、楽器をとれば音《ね》を立てんと思う。心は必ず事《こと》に触れて来《きた》る〟。

私流に勝手に解釈すれば、〝その気がなくても体を動かせば暗く沈んだ心も次第に開かれ軽くなる〟。

〝心はものに触れて動き出すもの〟だから、かりそめにも〝不善の戯《たわむ》れ〟はしない。

心が寂しい、悲しいからといって、よからぬ戯れ、博打《ばくち》や詐欺、悪い異性からの悪魔のささやきには乗らないことです。

日常生活の中で、自分一人でできる健全な何かを見つけ、その世界に一心不乱に集中し取り組んでみる。

一人静かに美味しいお茶やコーヒーを飲みながら、飲み物の色や香りに心身を遊ばせていると、心に溢れていた〝マイナス感情〟が少しずつ薄れ、気持ちが温かく落ち着いてきます。

このような私なりの自分への思いやり（セルフ・コンパッション）の引き出しはいろいろ。

私の場合、家事は体と五感を刺激する大切な労働です。

家事の合理化は、やることが多く忙しい働き盛りの若い世代にはとても大切で重要なことです。

が、今のようなコロナによるパンデミックの時代、仕事よりも自宅での暮らしが多くなると、年齢にかかわらず、家事は体を動かしたり、五感（視覚、味覚、嗅覚、聴覚、触覚）を鍛えたりするには身近で最適なものかもしれません。

こまめに部屋中の床やテーブルの上を拭くだけでもりっぱな運動不足の解消になります。

窓ガラスを磨いたり、洗濯ものを干すときには、腕や足の上下の屈伸を心がけ、厄介な掃除機がけも手足を伸ばしダンスをするような仕草をすれば、楽しく全身が汗ばんで有酸素運動にもなります。

料理の隠し味にテレビで見たプロ風の工夫を重ねたり、においが気になるトイレや玄関に香りのよい生花を飾ったり、部屋の道具の配置をセンスよく模様替えしたり、気持ちよくなる音楽を選んでかけたりします。

これまでのマンネリ化した家事にちょっとした〝創意工夫〟を加えると、いつの間にか五感も刺激され心が満たされていきます。

心を安定させる小さな引き出し

生きていれば、つらいこと、悲しいこと、嫌なことなどの〝マイナス感情〟は人生の連れ合いのようなものです。

押し殺したり、何か他のことに一時的にすり替えたりしても、解消されず必ず心の隅に見えないストレスとなって残ります。

年を重ねたら、いつも穏やかな心で過ごしたいものです。

マイナス感情に素直に向き合い、それを少しでも小さく和らげるための引き出しをいくつか持っておくのもいい。

前述したように、美味しいお茶を飲んだり、部屋の換気をし、いい香りを放つ生花を飾ったり、好きな音楽を聴きながら、自分の五感を駆使しながら心を癒します。

やがてマイナス感情が薄れ、心が落ち着いてきます。

心の安定には手仕事がいいのです。

無心になって手を動かしているうちに、乱れた気持ちが安定し落ち着きます。

家事にはそんな手仕事がいっぱいあります。

ジャガイモの皮をむいたり、らっきょうの泥を洗って端を切りそろえる作業。

手袋やマフラーを編んだり、繕《つくろ》い物をしたり。

雑草相手の草むしりや落ち葉を掃く。

腕が疲れるまでフライパンやお鍋のこげを磨き続ける。

へとへとになるまで、バスタブや床をピカピカに磨く。

家事のいいところは、やったあ、という達成感があることです。

そして、一心不乱にやった家事労働のあと、なぜか気持ちもスッキリ、さわやかになるおまけまでついてきます。

自然に帰る

心が重くつらいとき、森や公園へ散歩に出かけ、木肌に触れてみるのも気分転換になります。

木々の間を小一時間も歩き続けると、ささくれだった心が落ち着きやさしく癒されます。

よく出かける明治神宮では、わざわざ立ち入り禁止の柵を越え、樹齢１００年以上の大木に抱きついてじっとしている人を見かけることがあります。

何か悩み事でもあるのでしょうか。

そんなとき、そこは禁止ですよ、と野暮なことは言わず見て見ぬふりをしてそっとその場を離れます。

きっと、老木が持つ生命力ややさしさが疲れた心を包み込んで癒してくれるのでしょう。

樹木の世界では人間社会とは違い、年齢と衰えは比例しないといいます。

木々は年を取るごとに若々しく力強い生命力が生まれ、成長し続けるらしいのです。

環境問題でも注目されている樹木の持つバイオマス資源は、老木ほど多いそうです。

気候変動には、年を取った老木のほうが若木よりも多くＣＯ$_2$を吸収し、役に立つといわれています。

これまで、森を生き返らせ若返らせるために、老木を切って若い木を植えることが大気中の二酸化炭素を減らすといわれてきましたが、最近の調査では、樹木は１００歳になっても成長し続け、人間社会に役に立つそうです。

木の１００歳は、人間にとってやっと社会に出てきた20歳の若造くらいだそうです。

とすると、人間の60歳ならまだまだ成長する過程ということになります。

定年後、この年で、とあきらめしょぼくれている人は、老いてますます元気な老木を見習うべきかもしれません。

人の心を癒し、循環型社会に役に立つ老木。人も樹木同様、年を重ねるごとに存在感を増しながら生きていきたいものです。

もう一人の自分

内乱の続くミャンマー。

今また軟禁中の女性指導者アウンサンスーチー氏が、数年前、ある雑誌のインタビューで、長い軟禁生活を耐えられた秘訣《ひけつ》は、と尋ねられ、私の中に居るもう一人の自分に励まされて過ごしました、と答えていました。

長い軟禁中、未来も見えずややもすると落ち込む自分に、頑張れと励ましてくれる別の自分。

なるほど、どんな人も苦境に立たされたときの心模様は同じ。

孤独の中での不安、寂しさそして悲哀は誰にでも湧き起こるもの、それらの感情とどう向き合って元気を出すかが大切、と共感したことを覚えています。

今また、軍による軟禁中の彼女、心の中の〝もう一人の自分〟に励まされ前向きに生きていることでしょう。


年を取って、体の衰えを感じたとき、うまくいかないことが続いたとき、冷静になって考えれば深刻になるほどのことではないのに、過剰反応で落ち込んでしまうことがあります。

いったん、不安や悲哀の感情にとらわれてしまうと否定的なことばかりが頭に浮かび、心までがしぼんで、この年ではとうてい手に負えないことのように思えてくるものです。

若いときから、私は、小さな悩みをいつまでも引きずりクヨクヨするタイプでした。

そんな私が、ここまでやってこられたのは、ドイツで出会ったキャリアウーマンたちのおかげです。彼女たちは、いつももう一人の自分を心の中に持ち、どんな状況も自力で対応し解決する習慣を持っていたのです。

自分の中に、二人の自分、〝主観的な自分〟と〝客観的な自分〟を持つ。

これは、ドイツから帰国後、ハウスクリーニング会社を無謀にも起業し、経営者の端くれとなってから、もちろん、今でもとても役に立っています。

つらいとき、悲しいとき、不安なとき、オロオロしがちな自分がもう一人の自分に、あなたならどうすると、聞くのです。

そうね……と、別の自分の声がする。こんな方法や考え方もあるかも、気にしない、と。

こんなやりとりを繰り返しているうちに、なんとなく心が落ち着き、冷静になってきます。

〝主観的な自分〟が、これで人生は終わりと、失望のどん底に落ちれば、もう一人の〝客観的な自分〟が、たいしたことはない、何とかなる、と励ましてくれます。

客観的な自分は、年を重ねるごとに人生の深みや重みが増し、不安や悩みに年甲斐もなくクヨクヨしがちな主観的な私の頼りになる人生の水先案内人なのです。

ヘルマン・ヘッセの言葉のように「自分自身とけんかをしない、自分を愛し、信頼すること」。

長年、ともに生きてきた証から生まれる自分への信頼関係は、若さでは手に入らない貴重な〝年の功〟ではないでしょうか。

心の中で、愛すべき二人の自分とのやり取りを繰り返しているうちに、苦しみや悲しみが半減し、なんとかなるかもしれないという勇気や知恵が湧き起こってくるのです。

先日のゴルフのマスターズで優勝した松山英樹《まつやまひでき》選手、苦節十年、彼の勝因の一つはコーチという客観的な目を取り入れたから、とゴルフ評論家が話していました。

もちろん、彼の天性の実力と汗と涙の努力があったからこそですが、自分に客観的にアドバイスしてくれるコーチの存在は、いつも心を平静に保つためにアドバイスをしてくれる貴重なもう一人の自分だったのかもしれません。

コーチの声に素直に耳を傾け、ややもすると主観的になりがちなゴルフの技や知恵を前向きに修正することで、彼の持つ才能に磨きがかかりさらに進化し勝利へと開花したのでしょうか。

嫉妬から自分を解放する

年齢を重ねると、人間関係でも、親子や嫁姑（舅）、婿姑（舅）、親せきや友人などとうまくいかずに問題が生じることも多くなります。

晩年の父は、周りから〝仏さんのような人〟と慕われたようです。

なんのことはない、人間関係のどんな難事件やもめごとも、必要以上にこだわらず、〝まあまあ、なんとかなる〟式のいい加減さを発揮していただけのような気がします。

若いときの父は何事にも厳格で、テレビは夜7時まで、子どもは寄り道や買い食いは厳禁、贅沢は敵と、子どもにとっては規律正しく厳しくいつも小うるさい父親でした。

そんな父が、私の成人式を境に、これまでの厳格さが嘘のように、自分で責任を持って行動をするように、とだけ言って、あとは完全な子離れ放任主義に変身したのです。

大学を卒業し、ＡＮＡへの就職が決まって初めて私が上京する日、飛行機が事故に遭っても自分が先に助かろうと思わないこと、と厳しい顔で言い放ったのです。

そばで聞いていた母が、縁起でもない、娘になんてことを！　と大声を張り上げ、父を責めたのを覚えています。

娘が犠牲になるなんて、ただでさえ心配性で自分本位の母には、父の〝娘より他人を気遣う〟言葉が信じられなかったのかもしれません。

その父が70歳で仕事から離れてから、ますます〝よきにはからえ、世の中はすべて単純に考え行動すれば丸く収まる〟が生活信条となっていったのです。

やがて、晩年の母は、父に倣《なら》って毎朝、東の空に向かって仲良く手を合わせるようになり、〝お父さん、お父さん〟と、何事も父に頼って生きるようになったのです。

まるで小さな禅寺のお坊さんのように、未熟な娘に繰り返し言った言葉。

田舎者が大都会で仕事ができることはありがたい、感謝して暮らすように。
他人を批判したり、人の欠点を探したり、偏見は持たないようにと。
人にお金を借りない、貸すときはあげる覚悟で。
人と比べないように、自分は自分。
人に迷惑をかけず、わが道を行くように。
いつもいい思いをしている人はいない、必ずいいことの後や裏には影がある。

当時は、小うるさいな、と適当に聞き流していましたが、父の言葉の中の自分に都合のいい部分だけが、私の頭や心の隅に残っていたのでしょうか。
私がこれまで小さいながらなんとか会社をやってこられたのは、人と比較せず、世に流されず、わが道を行く個人主義者的なところがあったからかもしれません。

心がつらく寂しく悲しいことがあると、私は、今自分のできるベストをつくせば、後は成り行きにまかせよう、と。

晩年の父の言葉を思い出し、昔流行《はや》った「ケ・セラ・セラ」の歌を口ずさみながら、〝なるようになる〟、とつぶやきます。

そう思うことで、何よりも自分の気持ちがラクになるのです。

嫉妬からくる怒り

昨年の秋、60代の知人から京都へ行ってきましたと、西陣の小物入れが送られてきました。

コロナ禍だから、観光客も少なく、本来の京都の秋が楽しめたでしょうと、さっそくお礼の電話をすると、それが〝自粛警察〟に怒られて、と彼女。

70代のご主人と二人で悠々自適の彼女、所有する京都のマンションを拠点に毎年恒例の秋の京都散策を数日楽しんできたといいます。

数人の友人に京都へ行ってきたと話すと、そのうちの70代のK子さんから、〝金持ちがゴー・ツー・トラベルを使ってコロナをまき散らして！　我慢して暮らしているのに！〟と、激しいお叱りのメールが送られてきたそうです。

知人夫妻は、京都滞在中は外食もなじみの店だけ、手洗いも消毒スプレーを持ち歩き、マスクも二重にするほど神経を使っていたらしい。

ましてや、セレブな夫婦、個人所有宅の滞在では〝ゴー…ツー…なんとか〟は関係なさそう。

そういえば、と知人。

夏に軽井沢の別荘に来ているといえば、東京ナンバーの車に嫌がらせの石を投げられなかった？　とか、ご主人が居て寂しくなくていいわねえとか、いつも健康そう、などことあるごとに〝うらやましい〟をK子さんは連発していたという。

夫が居るからこそ寂しいと思うこともあるし、この年だから疲れてしんどいことはいつものこと。

不安だらけのコロナ禍の毎日だから、寂しい悲しい、つらいは口にしない、明るくふるまう、と決めているという。

暗い話は聞いた人が気にして迷惑がかかっても気の毒、人は外見だけでは測れない悲哀を抱えて生きているものだから、と。

コロナ禍で人との接触を異常なまでに恐れ、毎日家でテレビだけが相手のK子さんのような一人暮らしの高齢者。

これからもますます増えそうな気がしますが、他人の声に耳を傾けず一方的に自己主張するだけの老人の嫉妬につける〝妙薬〟はあるのでしょうか。

一人暮らしのお年寄りを見守る行政からの訪問は、怪しいと拒絶しているそうだし。

君子危うきに近寄らず。

年を取ったら、不審不快な相手からはなるべく遠ざかること。

できれば心の治療ケアは専門家に任せるほうがいいでしょう。


人のことをうらやましく思わない。

これは年を取れば取るほど大切なこと。

学びたいのは、人生にある光と影。

お金であれ、美しさであれ、才能や名声、仕事での成功。

いつもいい思いだけをしている人はいません。

歓びが大きければ大きいほどその裏には人には言えない苦労があったはずです。

ここまで来るのに大変な苦労でしたね、と心から他人を思いやり称賛し褒めましょう。

そうすれば、人からは仏さんのような人と慕われ、何よりも自分の心が救われます。

老いてからのユーモア

晩年の父は、自覚していたかどうかは別にして、自分の言動が笑いを呼ぶのを楽しんでいた節があります。

世話好きの母に引っ張られ、よく頼まれ仲人を引き受けていました。

社交的な母が仲立ちをし、成立した結婚式の仲人をやるのですが、社交性ゼロでこよなく孤独を愛する無口の父を最初に説き伏せるのは大変だったらしい。

いやいやながら、〝初体験〟を迎えた父は、母に言わせると、大変なことをしでかしたそうです。

田舎の小さな神社での結婚式、通常は最初に仲人の父がお互いの親族を紹介するのですが、なんと、父は、母がポケットに入れておいてくれた名前のメモを無視。

〝年のせいで名前が覚えられない、失礼になるといけないので、皆さん、それぞれが自己紹介してください、他人の私より皆さんのお付き合いのほうが長く続きますさかい〟と言ってのけたのです。

緊張したその場は〝面白いこと言う人や〟と大爆笑。

饒舌《じょうぜつ》な人や無口な人、それぞれの老若男女が人前で緊張して自己紹介するうち、ぎこちなかったその場の雰囲気が明るく和み、〝ええ仲人さんやなあ〟と、厳粛な神前のその場の雰囲気は、穴があったら入りたい母の気持ちをしり目に、最高に盛り上がったそうです。まるで飲み食いのない神聖な神前宴会さながらに。

以来、父は母に頼まれると張り切って仲人を引き受けるようになりました。

初めての仲人体験が大好評で、人から笑いを誘う自分の言動に目覚め、楽しんでいたのかもしれません。

もちろん、父にとってみれば、年のせいにすれば〝余分な名前〟を無理に覚えることから解放され、しかも、みんなが和み仲良くなれるなら言うことはないと。

めんどうなことを嫌った父が、名前を覚えるのを避けたのはわかりますが、最初から笑いを取ることを予想していたかどうかは定かではありません。

十数年前、実家の処分のため、享年89歳の父の遺品を整理していたら、押し入れから古い結婚式の集合写真が何十枚と出てきました。

どの写真も前列中央でやれやれと安堵したような表情の母の隣で、70代の穏やかで満ち足りた表情の父が堂々と胸を張って前を見つめていました。

怒りは人生の何の足しにもならない

年を重ね60代になると怒りっぽくなる人が多くなります。

怒りに身を震わせると血管が収縮し、血液がドロドロになるそうです。

医学的にも血流が悪くなるとホルモンの調整機能が低下し、いろいろな病気を引き起こす原因になるといいます。

とすると、怒りっぽい人は自分で自分の寿命を縮めていることになります。

少しでも自分から怒りを遠ざけるにはどうすればいいのか。

老人の怒りは若いころと違い、これからの人生に何の役にも立たないし、何の足しにもなりません。むしろ百害あって一利なし。健康にもよくありません。

怒りやすい自分と戦わないことです。

怒りの原因を突き止め、それらを解決すればいいだけです。

運転中に前に割り込んでくる車に腹を立てて怒鳴る人の車に同乗したことがありますが、その場の雰囲気が暗くなり、楽しい気分が一転、こちらまで重い気分が長く尾を引いてしまいました。

怒りは周りの他人までも不愉快にし、不快な世界に道連れにします。

なぜ、怒りがこみ上げたのか。もともと短気な性格なのかもしれないですし、年を重ねてさらに怒りっぽくなったのかもしれません。

割り込んでくる車には、どうぞと道を譲るゆとりのある気持ちが欲しい。

急いでもゆっくり運転しても到着する時間にさほど変わりはないのですから。

救急車でもないのに、〝そんなに焦ってどこへ行く〟くらいの気持ちが大事です。

事実、渋滞に巻き込まれ、割り込んできた車の横を高速ならぬ低速でのろのろと長時間一緒に走ることになったのです。

怒りの原因を突き止めたらそれを排除すればいいのです。

でこぼこの道路で躓《つまず》いて転び前歯を折ったのは、道路行政が悪く足の弱くなった老人には暮らしにくい社会のせいだと怒る前に、むしろ歩きやすい靴を履いて、ゆっくりと用心深く雨傘を杖代わりに持って歩くのも一案です。

無神経な言葉を投げかける人とは無理に口を利く必要もないし、できれば出会わなくて済む時間帯や環境を選びます。

針に糸が通らないと嘆く前に、針孔の大きいものを選んだり、糸通し器を使えばいいし、ガスの栓を閉めたかどうかよく忘れると自分に腹を立てる前に、調理のあとには使った調理器具を洗って収納し、ガス台の周りを拭く習慣を持てば怒りやイライラはかなり解決します。さらに、火を消し忘れたかどうかなど、物忘れの心配からも解放されます。

怒りの八割以上は自己満足によるものらしいので、健康に良くない無駄な怒りの原因は極力避けることが賢い老人の知恵かもしれません。

よく笑うもの勝ち

笑う門《かど》には福来《きた》る。

たしかにお腹を抱えて大笑いをする人に不健康さは感じられません。

笑うことができるのは人間だけだというけれど、天国にいる愛犬ドンキーは生前、時々笑っていたような気がします。

それも私が上機嫌のときに限って、彼も尻尾を振って嬉しそうにしていました。

ＮＨＫの朝の番組を観ていたら、ちょうど、コロナ禍の今、気分を明るく前向きに生きるには笑うと効果があると、最近落ち込んでいるというお笑いタレントを使った〝笑う実験〟をしていました。

毎朝、鏡を見て、今日はいいことがありそう、とにっこりと笑顔を作り、一日一回は楽しいことを思い出して笑うのです。

そして、一日の終わり、今日楽しかったこと良かったことをメモします。

数日後、その男性タレントさんの手帳には人と会う予定がびっしり書き込まれ、一年以上やっていなかった浴室をピカピカに磨き、すべてが前向きに行動するようになったそうです。

私はこの20年以上、毎朝歯を磨いた後、鏡の前で微笑むことで一日のスタートを切っています。寝起きで心から楽しいと思えなくても、口角をちょっと上げ、無理に笑顔を作ります。

ついでに両手で顔のしわをリフトアップしながら、今日もいいことがありますように、と微笑みます。

ほんの少し微笑むだけなのですが、いつのまにか心身がリラックスして、何かいいことがほんとうに起こりそうな気がしてきます。

ついでに顔のしわも、気のせいか、伸びるような……。

笑うと脳の血液量が増え免疫力が増すという医学的データもあるようです。

とくに声を出して笑うことは効果が大きいといいます。

笑いは、他人に対してではなく自分の心に向けた感情表現。

最近は、少しでも面白いことがあれば、一人でも遠慮なく大声を出して笑うことにしています。ただし、人ごみの中や相手との会話中は誤解や不快感を招く恐れがあるので避けましょう。

大げさに笑い転げているうちに本物の大笑いになって、多少の悩みや嫌なことはどこかに姿を消してしまいます。

幸せは、ただボーッと待つのではなく、自分で引き寄せ呼び込むものなのです。

ペットロス

2019年の一般社団法人ペットフード協会の調査によると、日本全国の犬猫の飼育頭数は合わせておよそ1900万匹にもなるそうです。

全体の数は数年前より減少の傾向にあるらしいですが、犬と比べると猫の飼育の数のほうが100万匹ほど多いそうです。

猫のほうが犬よりも散歩やしつけなどの手間がかからず必要なときに愛くるしい表情を見せるせいか、人気なのかもしれません。

前述したようにわが家にもドンキーという名のラブラドール犬がいました。時々めんどうで嫌になるほど手間がかかったのですが、いつも人間に寄り添って心を癒してくれるかけがえのない家族のような存在でもありました。

ドンキーを飼い始めたきっかけは、興味本位に立ち寄ったペットショップでたまたま売れ残っていたカレと目が合い、大型犬なのでなかなか買い手がつかない、という店員さんの一言が、売れなかったらどうなるの、と妙に気になり、その場で家に連れ帰ったのです。

ドイツでは犬は、絶対的に人間に服従するよう厳しくしつけられます。

そんなドイツの犬たちに憐憫を感じ、おおらかに自由にのびのび育てたいと思ったのですが、途中でそれは人間の勝手な思い込みで、犬の幸せにはつながらないと思いなおしたのです。

が、時すでに遅し。わが愛犬は中途半端なしつけのまま大きくなりました。

ドンキーは甘やかされ勝手気ままに育った犬だったのですが、私の疲れた心や生活を癒してくれるには大きな存在で、トイレは一度で覚え、厳しく接する夫と甘やかしてくれる私を自然に見分け、相手によって態度を変える賢い犬でした。

10年前、そのカレを15歳で見送ったとき、言葉では表せない深い喪失感に襲われ、慰めに訪れた犬友や友人たちに、〝ドンキー……ネクストを飼えば〟と勧められました。

しかし、新しいドンキーを飼っても、これからの十数年後は夫婦とも70代の高齢者。わが身の世話もおぼつかないのに、果たして愛犬の世話を十分にできるかどうか。

よくよく考えた末、ドンキーのいなくなった悲しみや寂しさをつらいけれどなんとか向き合う道を選び、新しい犬を飼うことはあきらめたのでした。

その代わり、身近な草花に目を向け育てることにしたのです。

小さな植木鉢の真っ赤なゼラニウムをいっぱい増やし、バルコニーやパテオに花を咲かせようと。ドンキーのいなくなった心の空白を咲き乱れる花で埋めたい。

最近は、小さな煉瓦で囲んだ箱庭に、ハーブや野ばらも育て始めました。

植物の数や種類だけ、水やりの仕事が増えましたが、それも楽しみの一つ。

毎朝、水やりをしながら順番に話しかけます。

返事の代わりに、見事に咲き乱れる真っ赤な花々からは香りと癒しをもらいます。

最近10歳で愛犬を見送った近所の犬友のC子さんは、〝10年後は80歳を過ぎ、自分の世話も大変なので新しく犬を飼うことをあきらめた〟と、今は友人や知人のペットシッターを引き受けています。

近くの公園で会うたびに違う犬を嬉しそうに散歩させているC子さん。

彼女のようなペットロスの癒し方もなかなかスマートな方法かもしれません。

ドンキーを見送って10年経ちました。

あれほど言葉に尽くせないほど胸が苦しくなったドンキーとの様々な思い出は、今は少しずつセピア色に変化し、忘れることはありませんが、年月を重ねた分、寂しさや悲しさは徐々に薄れ、懐かしさに美しさが加わった思い出となり、咲き誇る花々とともに、私に日々生きるエネルギーを与えてくれています。

心のかくれ家

コロナ禍の中、人と会ったり、外食するのもままならない変化のない在宅暮らしが続くと、年齢にかかわらず、心が疲れるもの。

こんなとき、自分のためのかくれ家を意識して持つといい。

心静かに落ち着いて一人でいられる特別な場所、どこでもいいのです。

部屋の隅に自分用の椅子を置き、読書をしたり音楽を聴いたり。

散歩を兼ねて空気の新鮮な公園のベンチで空を眺めたり、換気の行き届いたオープンカフェで、道行く人を眺めながらひとり静かに黙飲するのもいいかもしれません。

いつも居る場所から離れ、居心地のいい静かな場所ならどこでも自分のかくれ家になります。

私の心のかくれ家は、散歩コースの明治神宮の中の大きな桜の木の下。

自由に出入りできる広々とした芝生の隅にあるその老木は、夏は緑豊かな枝を大きく広げ、涼しい風の通路にもなり、ちょうど海辺のビーチパラソルの下にいるような居心地のよさです。

老木の下にゴロンと体を横たえ目を閉じ、何も考えず1時間くらいぼんやりしていると疲れた心に新しいエネルギーがよみがえってくるようです。

その気になれば、自分専用の心のかくれ家はどこにでも見つかるはずです。

悲しがり過ぎない

いくつになっても生きている限り、失敗や不幸な出来事はつきもの。

行動することは自分の意思でできますが、その結果までコントロールはできません。

うまくいくかいかないかは、その時々のタイミングや運、出会いや環境にも左右されます。

かりに、結果が悪くてもやたらと悲観的にならないことです。

誰にでも起こる、不安や悲哀、無理に消そうとするからますます大きくなるのです。

どのように向き合い、付き合っていくかを考えましょう。

その一瞬にベストを尽くしたなら、それで十分だと思います。

不幸な出来事に執着し悲観的になり過ぎると、必要以上に自信を失ったり、再チャレンジの気力まで失いかねません。

老いるほど、失敗や不幸な出来事にクヨクヨしないこと。

どんなに困難でつらいことに出会っても冷静に。

今、何をするべきかを考え、悲しみに寄り添いながら、少しずつ前へ進んでいきます。

どうしても悲しみや寂しさに押しつぶされそうになったら、心許せる人でも何でもいい、相手に向かって、〝寂しい、悲しい〟と言葉にしてみましょう。

身近な草木に話しかけてもいい。

少しは悲しみや寂しさが和らぎ、あるいは意外な誰かが救いの手を差し伸べてくれるかもしれません。

事実は小説より奇なり

妻を亡くした60代の知人は、なんと一年もたたずに再婚しました。

その知人はあまりの寂しさに、大学の同級生の女性たちの前で〝僕、寂しい〟と泣き崩れたところ、〝気の毒に〟と深く同情した同級生が再婚相手となったそうです。

女性はもともと、かわいそうに打ちひしがれる男性、とくに涙を見せて訴えると、なんとかしてあげなくてはと思うものなのです。

例外はありますが、内なる母性がニョキッと顔を出します。

知人は、もともと昔から気さくな人柄で女性に人気だったのですが、男性なら誰でも〝寂しい、悲しい〟と簡単に言えるわけではなさそうです。

男性に比べると、女性のほうが世間話や自分の気持ちをあれこれ話すことに慣れている人が多いものです。

が、男女の区別なく、高齢者の孤立を防ぐには、自らが自分の心の弱みや痛みをさらけ出す勇気を持つことかもしれません。


年を取ってからの心痛む出来事は、忘れようとしてはいけない。

思い出すことで少しずつですが心が癒されるものです。

そして、こう考えます。

地球の壮大な歴史に比べたら、人の一生はなんとちっぽけな一瞬なのか。

その短い一瞬でも、人の命はつらい悲しみや苦しみを忘れずに生き続ける、だから何よりも尊いのです。

老いを正しく見つめる

2020年には日本国内の100歳以上の高齢者が8万450人となり、日本は世界有数の長寿国となり、人生100年時代に入りました。

二十数年前、まだ100歳を超える高齢者が少数で珍しい時代、名古屋の100歳で双子のきんさんぎんさんという姉妹が話題になったことがあります。

テレビに頻繁に登場するお二人にアナウンサーが、出演料は何に使いますか、と尋ねたところ、なんと、老後の資金に貯めます、という答えが返ってきました。

老後!?　今でも立派な老後ではないの。

たまたまそのとき、お二人をテレビで見ていた40代の私は、いつが老後なのかと、どう見ても超高齢者そのもののお二人の姿を拝見しながら驚きつぶやいてしまったのです。

あれから年を重ね、私も100歳が身近に感じられるようになった今、人は誰でも長生きしたいけれど、年を取ったとは思いたくない、つまり自分が年老いたときのことなど考えたくないのです。

当時のきんさんぎんさんの心境がよくわかるような気がしています。

はるか昔から老いるということは、わびしく、貧しく、悲しいものとして描かれてきました。

子どものころ、両親に連れられて観た『楢山節考《ならやまぶしこう》』という映画。

小さな子どもの胸にも衝撃的で、貧しい山村の孝行息子が年老いた母を背負い山奥に捨てる、貧困と悲哀、悲惨に満ちたなんと暗い物語でしょうか。

老年になった今までもその場面だけが鮮明に心に残り、思い出すたびに胸が痛みます。

両親が大人が観ても悲しく胸を打つ映画に幼い子どもを連れて行ったのは、ただ子守りをお願いする人がたまたま病気になって私を家に残していけなかったからだと思いますが、それほどまでに観たかったのはたぶん、当時話題の作品だったからでしょう。

現在の高齢者問題は、もう少し明るくなって、楢山節考の姨捨山《うばすてやま》のようなことはあり得ないし、親の介護や子どもの育児を放棄しただけでも罪に問われます。

今の日本の高齢者は、世界でもまあまあ恵まれた内に入るような気がします。

多くの人は、贅沢をしなければなんとか暮らしていける年金もあります。

年金だけでは暮らしていけないと思えば、それなりの働き方暮らし方を考える自由や支援制度もあります。

十分ではないですが、健康保険や介護保険などの社会保障もまさかのときには使えるように整っています。

老後の健康の不安については、それなりに運動を心がけ、食事に気をつけて暮らせばいいし、お金の心配は自分の懐の現実を見つめ計画的に手を打っていけばいいのです。

しかし、年齢を重ねてわかったことは、お金や健康の不安とともに〝老いをどう楽しむか〟が、これからの高齢者の生き方を左右する大きな課題なのかもしれないということです。

ありがとう

いつも別れ際に、〝ありがとう〟を付け加える知人がいます。

彼は、ある企業の役員を65歳で退職し、今は悠々自適な暮らしを楽しんでいます。

最近知ったのですが、定年後に僧職の資格も取ったそうです。

彼に言わせると、この世に生きていること自体〝ありがたい〟のだそうです。

だから、袖振り合うも他生《たしょう》の縁、前世の何かの縁で出会うことができたのだから、こんなにありがたいことはない。

このありがたい出会いを大切にする。

人生すべて一期一会《いちごいちえ》。


道路を整備している人にも、ありがとう。

道を掃除している人にも、ありがとう。

会食をともにした人には、今日は楽しかった、ほんとうにありがとう。

レストランのスタッフに、美味しい料理をありがとう。

講演会では、実にいい話が聞けてよかった、ありがとう。

ありがとうのきっかけは、まだまだあります。

この世のすべてがありがたい。

もちろん、知人は家の中でも、ことあるごとに〝ありがとう〟を連発しているらしい。先日、彼が、耳にありがとうのタコができました、と妻から感謝状をもらったと苦笑いをしていました。この夫にしてこの妻あり。長年培《つちか》われたお二人の人柄と関係がしのばれるようなありがたいお話でした。

ありがとうと、言葉で感謝を表せば、すべて人間関係がうまくいくというのは大げさですが、ありがとうと言われると、よほどのひねくれ者でない限り、たいていの人は悪い気はしません。

ありがとうの気持ちを生きている限り持ち続け、どんな出会いも心から感謝し大事にしたいものです。

今日一日に感謝する

朝、目が覚めると、ああ今日も生きている！　と感謝をします。

だから、今日一日与えられたこの命を、大切に生きていく。

誰も明日のことはわかりません。

昨日元気で別れた人が、今日は帰らぬ人となることもあります。

生きている限り、しっかりと淡々と生きていくのです。


安閑無事。

やすらかで穏やかな時間を今日も過ごせますように。

花に水をやり、美味しい朝食を食べ、元気に一日をスタートします。

淡々とした何でもない日々にこそ幸せが潜んでいるのです。

生きていることに喜びを感じ、人生を楽しみ、明日への希望につなげていく。

今日という日は二度とない、かけがえのないこの時間。

年を重ねてきたからこそ、命の尊さ、大切さが心に深くしみわたることもあります。

こんなゆったりした心境になれる今に感謝をし、今日一日を穏やかに心地よく過ごしたいと願います。

老いを楽しむ

WHO（世界保健機関）によると、65歳以上を高齢者と呼んでいます。多くの先進国では、65歳から74歳までを前期高齢者、75歳以上を後期高齢者と分けているようです。

一般的には、老いによる衰えが自他ともに目立ってくるのは後期高齢者になってからだといわれます。

最近は、元気な高齢者が多くなり、気持ちのうえでは10歳以上若返っています。数字的には超高齢者でも、個人差はあるものの、自分を老人と呼んだり呼ばれたりするのにはかなり抵抗があるものです。

中年や中高年くらいの言葉は気にならなくても、高齢者、超高齢者と呼ばれる年になるとさすがに老いについて真剣に考えざるを得なくなります。

肉体の衰えは徐々に進んでいるのですが、ある日、自覚せざるを得ない症状が出て初めて〝老い〟を感じることになるのです。

せめて、それまでは年だとは言わない、思わない、そのくらいの若々しい気力で生きていきたいものです。

ただ、備えあれば憂いなし。

60代からは、少しずつ老いのマイナス面への準備も心がけたいものです。

若いと自負している気持ちよりも先に、体に老いのマイナス面があれこれ出始め、事実、足腰や視力、聴力が弱り、ちょっとした動作や反応が鈍くなります。

ある人は、老いの苦痛を年だからと我慢したり、ある人は、愚痴ったり抵抗したり怒りを露《あら》わにします。

どちらも残り少ない人生には無駄なエネルギーかもしれません。

老いに正しく向き合い、自分に起こる自然現象を後ろ向きにとらえず、前向きにプラスに解消する方法を見つけ、残り少ない人生をどう楽しむかに知恵を絞るほうが賢明かもしれません。

老いたことからくる環境とのトラブル、感覚の衰え、物忘れの問題、不安や寂しさ、悲しさや孤独などの心模様、それらとうまく付き合いながら、老いることは素晴らしいと思える生活を見つけるのです。

若いうちは花などには目がいかなかったのに、年を重ね人間への関心が薄れたとき初めてわかる桜の花の魅力や四季折々の植物の可憐さ。

残りの人生をどれくらい幸せに生きられるかどうかは、老いに真正面から向き合おうとする心構えの中で見つかるものかもしれません。

老いの環境を整える

年を重ねるほど、バランス感覚は鈍くなり、握力や筋力が弱まり、視力や聴力の衰えも感じるようになります。

気力の衰えはなんとか補えますが、老いからくる肉体的衰えは、長生きすれば誰もが避けて通れない自然の摂理。

これらの衰えは、ある日突然ではなく、知らず知らずのうちに少しずつ体のあちこちに忍び寄ってきます。

心が若いと叫んでも、肉体的な衰えは避けられないのです。

しかし、年だからとあきらめる必要はありません。

老いからくる様々な衰えやトラブルと、どう向き合っていくかは、知恵や工夫次第で年を重ねる喜びにもつながるのです。

視力と聴力

60代になったころ、私の周りでは、急に老眼や白内障など、半数以上が視力の衰えやトラブルを訴える人が増え始めました。

70代になれば、視力の衰えや異常はほとんどの人が感じるようになります。知り合いの医者によると、高齢になるほど眼鏡のレンズの度数は1～2年に一回チェックしたほうがいいそうです。

視力のトラブルには、いろいろな工夫や便利な道具を活用します。

読書のときに本を挟んで手元を明るくするミニスタンドを利用したり、バッグに入る携帯用の拡大鏡は外出先で役に立ちます。

コンサートなどで使う小さなペンライトをポケットに入れておけば、うす暗いレストランなどでメニューを見たり、狭くて薄暗い階段の上り下りに足元を照らせるので安全で安心です。

細かい文字が見えづらくなれば、正しい検査や老眼鏡は必要ですが、各部屋に100円ショップで売っている老眼鏡を複数備えておくと、郵便物を読んだりメモを取ったりするとき慌てずにすみます。

聴力の衰えは、補聴器で補えますが、実際補聴器をつけたがらないお年寄りが多いそうです。

そういえば、むかし耳が遠くなった父に高性能な補聴器をプレゼントしたのですが、余分な雑音が聞こえるし、つけるのもめんどうだから、と一度使っただけであとは引き出しの中に眠ったままでした。

現役世代ならまだしも、80歳近くの高齢者になれば、理解しなければいけない重要な仕事の話もなさそうだし、むしろ何を言っているのかわからないほうが〝オレオレ詐欺〟に遭わずに済むかもしれません。

めんどうな補聴器をつけるより、聞こえるふりをするか、聞こえにくいときは無理せず、なんとおっしゃいましたか、と耳に手をあてて聞き返す。

耳元で大きな声で話してもらうよう頼んだり、日時や場所など数字や固有名詞が必要な話なら紙に大きく書いてもらったりすると間違いがなく安心できます。

肉体的に衰え弱くなった〝老人〟は、やせ我慢するより素直に助けを求めたほうが自然でラクかもしれません。

年とともに、バランス感覚の衰えは自覚しないうちに進んでいるものです。

老いは、やがて誰もが通る道。卑下せずむしろ堂々と胸を張って、しかし素直に、謙虚さを忘れず、人に助けをお願いするのです。

電車内で、どうぞ、と若者に席を譲られたら、ありがとう、と丁寧にお礼を言って座る。やせ我慢して断ったり、老人に見えたのか、とがっかりせず、素直に従うほうが周りのみんなが気持ちいい。

これまでの生活習慣や考え方をちょっと変えることで、年を重ねることが楽しくなるような日々を送りたいものです。

物忘れ

60代に入ると急に物忘れが多くなって、と悩む人が増えてくるようです。

最近は、マスコミなどで認知症という言葉が氾濫し、予防のためのサプリやセミナー、保険までが紹介されています。

老後の不安にまた一つ〝認知症〟という言葉が加わったような気がします。

事実、認知症の患者は、65歳以上になると増え始め、75歳で13％、85歳では55％というデータもあります。

つまり、85年以上生きれば、人は半分以上が認知症と診断されるのです。

日常生活ができなくなれば、介護保険など公的制度や人の手を借りることが必要ですが、ボケてきた、物忘れが多い、などのトラブルはあまり気にせず少しでも減らすように心がけて生きることも大切です。

ボケたらどうしよう、などと必要以上に不安がらず、老いの兆候の物忘れを少しでもカバーする方法を考えることです。

冷蔵庫の前で、何を取りに来たか、と思い出せないことがよくありませんか。

そんなときは、そのうち思い出すくらいの軽い気持ちで今やるべきことをやる。

そのうち、料理に使う牛乳を取りに来たことに気づくはずです。

名前や場所など固有名詞がなかなか出てこない。

こんなとき、その固有名詞の人や場所に関して覚えていることをすべて思い浮かべてみます。

名前や場所など、五十音の「あいうえお」順に声に出してみます。

たいていは思い出せますが、だめならお風呂やトイレなど場所を変えて再挑戦。

それでも、喉元まで出かかっているような気がするけれども思い出せず、夜ベッドに入ったとたんパッと名前が出てきてやれやれと安心することもあります。

予防策として、普段から、あれ、これ、それではなく、はっきりと具体的な名前を口に出すようにします。


忘れるのは名前だけではありません。

人と話をしていて、言いたいことが出てこないこともあります。

そんなとき、次回からは、言いたいことを他人がしゃべっているときにメモをしておくのも名案です。

相手がしゃべっているときに、メモを取っても、メモするほど熱心に自分の話を聞いてくれているのか、と好印象を持たれるかもしれません。


やることをすぐ忘れてしまう。

この解決法は、思ったら吉日、すぐ実行することです。

外出する際、日除け帽子をかぶって出かけるつもりだったのに、電車に乗ったら忘れたのに気がつく。

今日は帽子をかぶると思ったら、すぐ玄関の目に付きやすい場所に置いておけば忘れる危険性が少なくなります。

明日持っていくものは前日に用意し、書類や財布など必要なものは寝る前にバッグに入れておけば忘れずに安心です。

自動引き落とし以外の請求書などは期限順にまとめ、わかりやすい定位置にまとめておきます。

さらに、寝る前に明日やること、たとえば郵便局で小包を送るとか送金するとかをまとめてメモしておく。

私は、買い物に出かけるときには、頭の体操を兼ね、まず買いたいものの種類の数を覚えます。たとえば、リンゴとみかん、卵を買う予定なら数字は3。リンゴ、みかん、そして卵で3種類の買い物をする、と覚えておくのです。

ただし、この数字はせいぜい10まで。それ以上はメモに頼るほうが正確で間違いがありません。

日ごろから、思いついたことをメモ用紙や手帳に書く習慣はおすすめです。

前述したように、私は小さな大学ノートをメモ帳代わりに持ち歩き、アイデアが閃《ひらめ》いたり、思いついたら、何でもメモするようにしています。

中年以降のこの習慣、とりわけ年を重ねた今、ますます重宝するようになっています。

薄れた記憶を再確認したり、予定を忘れたりすることなく、物忘れが多くなる高齢生活を楽しく円滑にするためには、〝記憶〟ではなく〝記録〟が欠かせません。

エピローグ

何歳ごろが一番よかったですか。

高齢者の仲間入りをした今、質問されたり、自問することがあります。

答えは、いつの年代でもよかったこと悪かったことがあり、希望や成功で輝いたり、失望や失敗で打ちひしがれたりしたころがあった。

もちろん、喜びや悲しみに明け暮れる毎日は、今でもわが人生の現在進行形です。


年を重ねるごとにわかったこと。

それは喜びと悲しみは表裏一体であるということ。

小さな喜びは自分で作れるが、どんな悲しみも突然向こうから土足のままやってくるのです。

喜びを享受しながら、有頂天にならず、恐れることはないけれども、生きている限り自分を襲うかもしれない悲しみの心の備えも必要かもしれません。

そして、悲しみに打ちひしがれても必ず、冬来たりなば春遠からじ、今日の悲嘆や苦労は明日と同じではない、と自分に言い聞かせる、大切な生きる知恵です。

若いころは、雑草のようにたくましく生きたいと願っていましたが、人生の後半をとっくに過ぎた今、むしろ穏やかな香りを放ち、短くても人に安らぎを与える季節ごとの花々に憧れます。

太陽が刺すように降りそそぐ真夏、狭いコンクリートの隙間からはみ出るようにたくましく咲く雑草の黄色い花、過酷な環境にも果敢に立ち向かうその姿に元気をもらいながら、その強さと共存する弱さに憐憫の情も湧くのです。

わが居場所を見つけたとたん、人に踏みにじられることもあります。そんな不安を抱えながら、どんな環境にも耐え、ただひたすら空に向かって生き抜く雑草の姿。

年を重ねた今、若いころ憧れた雑草の逞《たくま》しさだけではなく、その生きる苦労にも想いを馳せるようになりました。

若いころにはわからなかったし、わかろうともしなかった雑草の真の喜びや悲しみ。雑草を見ていると、強さばかりではなく弱さも併せ持ちながら全力で生きていくこと、それが自然界の習わしだと気がつきます。

Epilogue

自分を必要以上に取り繕うことなく、悲しいときは心の奥底深く沈み、嬉しいときは思いきり空に向かって跳び上がる。

何事も深刻にならない知恵を身につけ、高齢者にありがちなグチや弱音を吐かず、不安やトラブルもマイナスにとらえず、毎日を明るく丁寧に過ごす。

老いを恐れ弱気になりがちな60過ぎからの人生、老いることの意味を探し、小さな生きがいや希望を探し続ける、そんな新しい生き方の参考になれば幸いです。

沖　幸子

【著者紹介】

沖 幸子（おき さちこ）

兵庫県生まれ。生活評論家、エッセイスト。家事サポートサービス「フラオ グルッペ」代表。神戸大学卒業後、ANA、洗剤メーカーを経て、ドイツ、イギリス、オランダで生活マーケティングを学び、帰国後、当時としては女性では珍しいベンチャービジネスで家事代行会社を創設する。その後、事業も成功をおさめ拡大、「そうじのカリスマ」としてテレビ・ラジオ・雑誌などで活躍中。大学客員教授（起業論）や経済産業省、厚生労働省の政府審議会委員も務める。主な著書に『犬と暮らすと家がキレイになります』(小社)、『ドイツ流掃除の賢人』(光文社)、『50過ぎたら、ものは引き算、心は足し算』(祥伝社)、『部屋も心も軽くなる「小さく暮らす」知恵』（青春出版社）など多数。

STAFF
イラスト・スタイリング／沖幸子
写真/半田広徳
カバー・本文デザイン・DTP/世田谷デザイン工房
校正/株式会社円水社

60からは 喜びはかけ算 悲しみは割り算

発行日 2021年8月15日 初版第1刷発行

著 者 沖 幸子
発行者 竹間 勉
発 行 株式会社世界文化ブックス
発行・発売 株式会社世界文化社
〒102-8195 東京都千代田区九段北4-2-29
電話 03 - 3262 - 5129(編集部)
電話 03 - 3262 - 5115(販売部)
印刷・製本 大日本印刷株式会社

ISBN 978-4-418-21503-4